EN DEFENSA DE ISRAEL

JOHN HAGEE

CASA CREACIÓN
A STRANG COMPANY

La mayoría de los productos de Casa Creación están disponibles a un precio con descuento en cantidades de mayoreo para promociones de ventas, ofertas especiales, levantar fondos y atender necesidades educativas. Para más información, escriba a Casa Creación, 600 Rinehart Road, Lake Mary, Florida, 32746; o llame al teléfono (407) 333-7117 en Estados Unidos.

En defensa de Israel por John Hagee
Publicado por Casa Creación
Una compañía de Strang Communications
600 Rinehart Road
Lake Mary, Florida 32746
www.casacreacion.com

A menos que se indique lo contrario, todos los textos bíblicos han sido tomados de la versión Reina-Valera, de la Santa Biblia, revisión 1960. Usado con permiso.

Algunos textos bíblicos han sido tomados de la Santa Biblia, Nueva Versión Internacional (NVI), © 1999 por la Sociedad Bíblica Internacional. Usado con permiso.

Citas del Corán: "La traducción del Corán", 7º edición, por
Abdullah Yusef Ali (Elmhurst, N.Y: Tahrike Tarsile Corán, Inc, 2001)

Traducción y edición por Belmonte Traductores
Diseño de portada por: Marvin Evans
Diseño interior por: Grupo Nivel Uno, Inc.

Library of Congress Control Number: 2007936551
ISBN: 978-1-59979-115-9

08 09 10 * 7 6 5 4 3 2
Impreso en los Estados Unidos de América

A los directores regionales, estatales y locales de
Cristianos Unidos por Israel:
dedicados líderes que han adoptado una firme posición
en defensa de Israel

Índice

Prefacio

El día 12 de marzo de 2007 fue un día en el tiempo y un momento en la Historia. El tele evangelista predicador John Hagee habló a seis mil de los líderes judíos más prominentes y sofisticados de los Estados Unidos, y quizá de todo el mundo, en la Convención del comité American Israel Public Affairs Committee (AIPAC) [Comité Norteamericano de Asuntos Públicos para Israel]. Sus apasionadas palabras y su comprensión de los problemas mundiales electrizaron a la audiencia y la transformaron en amigos y, sobre todo, creyentes en la causa del apoyo cristiano a Israel y al pueblo judío.

La audiencia judía vio en la persona del pastor John Hagee amistad cristiana, sacrificio cristiano, y un firme apoyo cristiano en defensa de Israel y del pueblo judío.

Fue un momento en la Historia, porque su abrazo de amor redimió milenios de martirio judío.

Durante muchos años, el pastor Hagee ha vivido y ha trabajado desinteresadamente por el pueblo de Israel. En 1981, cuando el mundo condenó a Israel por bombardear un reactor nuclear en Irak, la respuesta del pastor Hagee a los críticos del mundo hacia Israel fue comenzar una "Noche para honrar a Israel". Aquella noche el pastor Hagee proclamó: "Israel, no estás sola; los cristianos te apoyan, y los Estados Unidos te apoyan. Te queremos, y estaremos a tu lado". Durante los últimos veinticinco años, la "Noche para honrar a Israel" ha dado aliento, inspiración y consuelo a personas que con frecuencia se sentían solas. La "Noche para honrar a Israel" también había recaudado millones de dólares para apoyar obras benéficas y el reasentamiento de los judíos en Israel.

En febrero de 2007, el pastor Hagee comenzó una empresa más ambiciosa y audaz para fortalecer y apoyar a Israel y al pueblo judío: Cristianos Unidos por Israel (CUFI, por sus siglas en inglés). CUFI ha reunido a líderes de la cristiandad evangélica con un sólo propósito: defender y apoyar a Israel.

Los libros del pastor Hagee han vendido millones de ejemplares, y sus enseñanzas han alcanzado a miles de millones de personas en todo el mundo. El pastor Hagee, durante este periodo tan turbulento en el mundo tanto para Israel como para los Estados Unidos, ha sido una voz clara y sabia que ha alertado al mundo de la duplicidad y la hipocresía de Europa, las Naciones Unidas, y los países árabes y musulmanes del mundo.

El profeta Isaías, en el capítulo 49 y versículo 22 dice: "Así dijo Jehová el Señor: He aquí, yo tenderé mi mano a las naciones, y a los pueblos levantaré mi bandera; y traerán en brazos a tus hijos, y tus hijas serán traídas en hombros. Reyes serán tus ayos, y sus reinas tus nodrizas...". "Ciertamente consolará Jehová a Sion; consolará todas sus soledades, y cambiará su desierto en paraíso, y su soledad en huerto de Jehová; se hallará en ella alegría y gozo, alabanza y voces de canto" (Isaías 51:3).

El Señor ha izado su bandera para reunir a sus tropas. Los cristianos evangélicos bajo el liderazgo del pastor John Hagee han pasado al frente en apoyo y defensa de Israel. Él ha guiado la carga de caballería de la cristiandad.

En su nuevo libro, *En defensa de Israel*, el pastor Hagee presenta un profundo y convincente argumento para defender a Israel. Creo que es un libro de lectura obligatoria y que fortalecerá e inspirará a los cristianos y a todos los que aman Sión en estos destacados años de destino.

—RABÍ ARYEH SCHEINBERG
SAN ANTONIO, TEXAS

Capítulo 1

Es 1938... otra vez

"**D**urante tiempos difíciles como estos, cuando parece que todo el mundo está en contra de Israel, muchos en la comunidad judía nerviosamente miran al planeta, buscando amigos".

De pie tras el masivo podio gris con el logo azul AIPAC, miré a la oscurecida sala de banquetes. Luces de velas vacilaban en recipientes de cristal que estaban sobre las mesas. No podían distinguirse los rostros, pero sentí seis mil pares de ojos que observaban la plataforma. Yo era muy consciente de que la mayor parte de la gran audiencia judía estaba en desacuerdo conmigo acerca de muchos asuntos políticos; pero en el asunto de la necesidad de apoyar a Israel, y reconocer la peligrosa situación en Oriente Medio actualmente, estábamos en total acuerdo.

Yo continué: "Ustedes miran a las Naciones Unidas, a la cual el embajador Dore Gold denomina 'la torre de Babel'. Ustedes miran a Europa, donde el fantasma de Hitler camina de nuevo por el escenario de la Historia. Ustedes abren sus periódicos y leen sobre las universidades estadounidenses, donde Israel está siendo vilipendiado por estudiantes a quienes enseñan maestros cuyas sillas de Oriente Medio son patrocinadas por Arabia Saudí. Ustedes miran a las principales iglesias de Estados Unidos y ven sus iniciativas de despojar a Israel. Van a las librerías y ven calumniosos títulos del ex-presidente de los Estados Unidos; y se sienten muy solos".

Me apoyé en el podio, sintiendo tanta confianza —y sinceridad— como si estuviera dirigiéndome a mi congregación de Cornerstone. "Quiero decir esto con tanta claridad y sencillez como pueda: el gigante durmiente del sionismo cristiano se ha despertado. Cincuenta millones de cristianos están en pie y aplaudiendo al estado de Israel".

De repente, seis mil personas estaban en pie aplaudiendo el apoyo que les ofrecía en nombre de los cristianos evangélicos, a quienes me sentía honrado de representar como el primer pastor invitado a dirigirse al comité norteamericano de asuntos públicos para Israel (AIPAC), el grupo de defensa más grande y más influyente para Israel y el pueblo judío en los Estados Unidos.

Cómo llegué a ser un conferencista destacado durante la conferencia sobre política del AIPAC en 2007, es parte de la historia de este libro. En estas páginas, quiero comunicarles el mismo mensaje que presenté a aquella audiencia. Es el mensaje que he estado predicando en televisión y en iglesias y auditorios por toda Norteamérica.

Como ávido estudiante de Historia, estoy convencido de que nos enfrentamos a la misma situación a la que el mundo se enfrentó en 1938. Como dijo el gran Yogi Berra del béisbol, mezclando dos idiomas en el proceso: "esto es como deja vú otra vez".

Es 1938 otra vez. Irán es la nueva Alemania, y su presidente, Mahmoud Ahmadinejad, es el nuevo Hitler. Irán es una amenaza para el estado de Israel, que promete nada menos que un holocausto nuclear. La única manera de ganar una guerra nuclear es asegurarse de que nunca comience. Debemos detener la amenaza nuclear de Irán y estar con valentía al lado de Israel, que es la única democracia en el Oriente Medio.

Varios millones de evangélicos en Estados Unidos se han unido a mí en Cristianos Unidos por Israel. Hemos acordado dejar a un lado nuestras diferencias teológicas y políticas a fin de centrarnos en un solo asunto: apoyar y defender a la nación de Israel y al pueblo judío. Puedo asegurarle que no nos quedaremos sentados en silencio esta vez mientras otro líder maniático trama y planea la destrucción del pueblo judío. Nunca habrá otro Holocausto; no que nosotros veamos. *Nunca más.*

Justamente antes de la Segunda Guerra Mundial, hubo obvias y claras advertencias de que Hitler estaba avanzando para implementar su Solución Final. Winston Churchill trató de advertir a las fuerzas de pacificación; dijo que un apaciguador es alguien que alimenta a un cocodrilo con la fútil esperanza de que se lo coma a él en último lugar.[1] En 1938, Sudeteland de Checoslovaquia se transformó en comida para cocodrilos para Alemania. La bestia nazi olió la debilidad en los pacificadores internacionales y devoró la mayor parte de Europa, masacrando sistemáticamente a seis millones de judíos.

¿Qué hizo Estados Unidos? Debatimos la situación en el Congreso, y permitimos que los sentimientos de aislamiento evitaran que participásemos mientras morían millones de personas inocentes.

Hoy día están presentes las mismas señales de advertencia y, en la era de los medios de comunicación masivos, es más obvio que nunca. Numerosos grupos que se llaman a sí mismos religiones son chorros odiosos, vitriolos racistas, y muchos observadores, que deberían discernirlo, tratan de desear que esa situación desaparezca. Cada vez que Israel se defiende, los críticos levantan sus voces y tratan de acusar a Israel y a los Estados Unidos de hacer mal las cosas. Es la Historia que se repite.

Constantemente estamos oyendo llamados a apaciguar a los enemigos de Israel y al pueblo judío. Una vez más quienes apaciguarían buscan hacerlo a expensas de Israel. Nos dicen que si queremos que los suníes y los chiíes dejen de masacrarse los unos a los otros en Iraq, entonces Israel debe ceder territorios. Nos dicen que si queremos que los sirios dejen de asesinar a los líderes en el Líbano, entonces Israel debe ceder territorios. Nos dicen que si queremos que los saudíes permitan a las mujeres conducir y votar, Israel debe ceder territorios. Si queremos que el sol salga por el este y se ponga por el oeste, Israel debe ceder territorios.

Permítame ser claro: Israel no es el problema, y convertir a Israel en el chivo expiatorio no resolverá nada. El problema es el rechazo del derecho de Israel a existir. El problema es la sangrienta aceptación del islam radical de una dictadura teocrática que cree que ellos tienen el mandato de Dios de matar. El problema es el fracaso de los moderados en el mundo árabe y musulmán para levantarse y tomar las riendas en esos países islámicos extremistas.

La pacificación no es la respuesta. La pacificación, como dijo en una ocasión el presidente Eisenhower, no es nada más que rendirse al plan de financiación.[2] El Departamento de Estado de los Estados Unidos no debería presionar a Israel para que ceda territorios. Estados Unidos nunca debe presionar a Israel para que divida la ciudad de Jerusalén, la eterna capital del pueblo judío ahora y para siempre.

Hablando del pueblo judío, la Palabra de Dios dice: "Bendeciré a los que te bendigan, y maldeciré a quienes te maldigan" (Génesis 12:3). Yo creo que esas bendiciones —y esos juicios— son muy reales.

Pero por todo el mundo estamos oyendo voces que se levantan con maldiciones contra Israel. Hasta cristianos supuestamente devotos elogian a los patriarcas del pasado —Abraham, Isaac y Jacob— a la vez que evitan a sus vecinos judíos en las calles.

Eso es antisemitismo, y el antisemitismo es pecado. Y como pecado, condena al alma.

Como cristianos, deberíamos pedir perdón a Dios y pedir perdón al pueblo judío por todo acto de antisemitismo en nuestro pasado. Las Cruzadas. La Inquisición española. La obra de Martin Lutero "Con respecto a los judíos y sus mentiras". La Solución Final de Adolfo Hitler, la cual fue llevada a cabo por cristianos bautizados en buenas relaciones con sus iglesias.[3]

En 1938 demasiados líderes del mundo, incluyendo a los de los Estados Unidos, no tomaron en serio la amenaza nazi alemana representada para los ciudadanos judíos de Europa hasta que millones de vidas inocentes se habían perdido. Hay un patrón, a lo largo de la Historia, de persecución del pueblo judío en todo el mundo, con frecuencia a manos de brutales matones que se presentan a sí mismos como líderes religiosos, mientras que el resto del mundo finge ignorancia.

El pecado de *omisión*, el pecado de seguir siendo observadores silenciosos, es igual de grave que el pecado de *comisión*, de cometer realmente el delito. Cuando miramos hacia otro lado ante una atrocidad manifiesta somos tan culpables como quienes perpetraron el delito. Si ignoramos los eventos en nuestro mundo actualmente, tanto como nuestros antepasados los ignoraron durante el gobierno de los nazis, estamos repitiendo la Historia de una manera que solamente puede considerarse pecaminosa.

Permita que le señale la historia de Ester para subrayar por qué es absolutamente crucial que los cristianos defiendan a Israel.

Ester, cuyo verdadero nombre era Hadasa, era una joven muchacha judía que se convirtió en reina de Persia. Ella había mantenido en secreto su identidad, pero cuando se enteró de una malvada trama por parte de un malvado oficial del gobierno para destruir a todos los judíos que vivían en Persia, Mardoqueo, el primo que la había criado, le pidió a Ester que intercediese ante el rey, sabiendo que pondría su vida en peligro.

Mardoqueo le dijo: "No te imagines que por estar en la casa del rey serás la única que escape con vida de entre todos los judíos.14 Si ahora te quedas absolutamente callada, de otra parte vendrán el alivio y la liberación para los judíos, pero tú y la familia de tu padre perecerán. ¡Quién sabe si no has llegado al trono precisamente para un momento como éste!" (Ester 4:13-14, NVI).

El importante mensaje es este: Dios había puesto a esa mujer en una posición crítica para ayudar al pueblo judío cuando un hombre malvado, en este caso Amán, estaba tramando exterminar a los judíos. Esto tuvo lugar en Persia, que es la actual Irán.

Actualmente, otro persa —Ahmadinejad, el presidente de Irán— está tramando exterminar al pueblo judío. Su objetivo es crear la capacidad para un holocausto nuclear. Y Dios les está diciendo a los cristianos, al igual que Mardoqueo le dijo a Ester: "Si ustedes permanecen en silencio en este momento, me ocuparé de que la liberación les llegue a los judíos de otro lugar. Pero ustedes y sus casas perecerán".

Noten mis palabras: *la liberación llegará*.

La liberación llegará otra vez al pueblo judío, aunque Dios mismo tenga que acudir a salvarlos. Pero yo creo que los evangélicos estadounidenses han sido elevados a una posición de influencia "para un momento como este". Si defendemos a Israel, Dios defenderá a los Estados Unidos; pero si permanecemos en silencio en este momento crítico, cuando la supervivencia de Israel está en juego, creo que el juicio de Dios caerá sobre los Estados Unidos. Los terroristas que viven entre nosotros solamente pueden ser detenidos por la mano de Dios.

Hay un versículo en Mateo 25 que pocos cristianos entienden en su contexto. Jesús les dijo a sus discípulos: "Les aseguro que todo lo que hicieron por uno de mis hermanos, aun por el más pequeño, lo hicieron por mí" (versículo 40, NVI).

La expresión "uno de mis hermanos" en este versículo es un término griego que se refiere a "parientes según la carne".

Jesús estaba hablando acerca del pueblo judío cuando dijo: "Tuve hambre y me disteis de comer. Tuve sed y me disteis de beber. Estuve desnudo y me cubristeis".

Los discípulos le preguntaron: "¿Cuándo te vimos en esa condición?".

Jesús respondió que fue siempre que vieron a uno de esos "parientes" en esa condición.

Siempre que los cristianos han visto sufrir a los parientes de Jesús —por ejemplo, en el Holocausto— y no han hecho nada, fue como si hubieran ignorado el sufrimiento de Cristo mismo.

Jesús no estaba pidiendo emoción a sus discípulos; Él quería acción. No les dijo: "Ustedes no lo sintieron por mí; no lloraron por mí". No, Él dijo: "No *hicieron* nada por mí. No emprendieron acción para resolver el problema".

Esta es la única ocasión en la Escritura en que Jesús les pidió a quienes lo seguían que hicieran algo concreto por Él.

Este es el regalo que Cristo les pide a los cristianos que den hoy día: "Hagan algo por mis parientes". El pueblo judío sigue siendo su familia; ellos siguen siendo la niña de los ojos de Dios. No, ellos no consideran a Jesús lo que los cristianos creen que Él es, pero lo harán en el futuro. Y hasta entonces, ayudémoslos. Tengamos compasión de ellos. Démosle de comer, vistámoslos y protejámoslos. Levantemos nuestra voz y *defendámoslos*.

Mientras miramos a todas las personas en el Oriente Medio con amor y compasión, no podemos ignorar a los líderes de las facciones radicales y su sed de la muerte y destrucción del pueblo judío y de la nación de Israel. Ese fue mi compromiso con los líderes judíos en los Estados Unidos en la Conferencia sobre política del AIPAC: prestar atención a la amenaza y hacer algo respecto a ello por los "parientes" de Jesús.

Les dije a los miles de asistentes: "Hoy, en esta ocasión histórica, pedimos perdón a Dios y a ustedes por todo acto de antisemitismo en nuestro pasado, y por el ensordecedor silencio del cristianismo en su mayor momento de necesidad durante el Holocausto. Nosotros no estuvimos allí; no podemos cambiar el pasado...

Pero juntos podemos moldear el futuro".

En las páginas siguientes exploraré el pasado y miraré al futuro mientras planteo el caso de la defensa de Israel. Pero antes, quiero decirle cómo llegué a esta postura.

Y todo comenzó, supongo, cuando yo tenía ocho años.

CAPÍTULO 2

MI AMOR DE TODA LA VIDA POR ISRAEL

Lo crea o no, yo era un niño flaco. De hecho, cuando comencé la primaria, mi mamá me llevó al médico para ver por qué yo no podía ganar peso. Él recetó un remedio demostrado con el tiempo: aceite de hígado de bacalao. Así que cada día —durante dos largos años— yo recibí una dosis de aceite de hígado de bacalao. Era lo más horrible que me he puesto nunca en la boca.

Mi papá había construido nuestra casa en el diminuto Channelview, Texas, durante la Depresión. La cocina era estrecha, con apenas suficiente espacio para un horno, un refrigerador y una pila. Cuando los cuatro —mi mamá, mi papá, mi hermano Bill y yo— nos reuníamos en torno a la mesa de comer, esa cocina solo daba para estar de pie.

Una tarde casi de verano en aquella mesa cuadrada de madera blanca se destaca en mi memoria. Mis flacas piernas colgaban de la silla, y tenía suelto un cordón de mis zapatos. Mientras mi mamá limpiaba la cocina, mi papá, un hombre tranquilo y estudioso, estaba leyendo un libro y escuchando las noticias de la noche. La voz de un presentador se oía por el armazón de plástico de la vieja radio.

Aunque a mí me encantaban los dramas y comedias de la noche del sábado, normalmente prestaba poca atención a las noticias; pero el informe aquella noche de viernes, en mayo de 1948, fue algo que yo nunca olvidaría.

Fue la primera vez que vi a mi papá llorar.

Desde luego, no recuerdo las palabras exactas que el presentador pronunció, pero la noticia se había tomado de este telegrama, una copia del cual está en la biblioteca presidencial de Harry Truman:

UNOS MINUTOS DESPUÉS DE QUE LA PROCLAMACIÓN DE UN ESTADO JUDÍO EN PALESTINA ENTRARA EN VIGOR A LAS 6:01 DE LA TARDE, MR. TRUMAN HIZO ESTA DECLARACIÓN:

"ESTE GOBIERNO HA SIDO INFORMADO DE QUE UN ESTADO JUDÍO HA SIDO PROCLAMADO EN PALESTINA, Y SE HA SOLICITADO SU RECONOCIMIENTO DEL GOBIERNO PROVISIONAL.

"LOS ESTADOS UNIDOS RECONOCEN EL GOBIERNO PROVISIONAL COMO LA AUTORIDAD DEFACTO DEL NUEVO ESTADO DE ISRAEL".

5/14—JM625P[1]

Cuando el presentador dijo: "el nuevo estado de Israel", los ojos de mi papá se llenaron de lágrimas. Yo sabía que algo trascendental acababa de suceder.

Mi papá y mi mamá eran eruditos de la Biblia, y durante mis ocho años de vida yo había estado en la iglesia cada vez que las puertas se abrían. Había oído sobre Israel una y otra vez, en historias bíblicas y sermones. Finalmente, por primera vez, me di cuenta que había un Israel real en esta tierra. El lugar del que mi papá había predicado tantas veces era real.

Sentí la emoción que lo inundó a él. Después de un momento, mi papá me miró y dijo: "Hijo, hoy es el día más importante del siglo XX. La promesa de Dios de hacer regresar al pueblo judío a Israel se está cumpliendo delante de nuestros ojos".

La teología dispensacionalista estaba grabada en mí desde muy tierna edad, pero sería muchos años después —mucho después de que hubiera renunciado a mi rebelión contra la religión legalista de mi niñez y me hubiera rendido al llamado de Dios a entrar en el ministerio— cuando el verdadero impacto de las palabras de mi padre se hiciera claro para mí.

Hay una profecía en la Escritura que predice que una nación nacería en un día. Está en el libro de Isaías.

> ¿Quién ha oído cosa semejante?
> ¿Quién ha visto jamás cosa igual?
> ¿Puede una nación nacer en un solo día?
> ¿Se da a luz un pueblo en un momento?
>
> —ISAÍAS 66:8, NVI

El renacimiento de Israel como nación fue un hito inequívoco en el calendario profético que conduce al regreso de Cristo. A lo largo de los años, a medida que me dediqué al estudio de la profecía bíblica, el recuerdo de aquel día de mi niñez en mayo de 1948 aumentó su importancia.

Pero no fue hasta que hice mi primer viaje a Israel, unos treinta años más adelante, que mi interés en Israel se convirtió en un amor permanente por la nación y por su gente. En 1978, Diana y yo hicimos un viaje de diez días a Israel con nuestro primer grupo turístico. Fuimos como turistas y regresamos a casa como sionistas.[2]

Qué emocionante fue caminar por donde Jesús caminó. Visitamos Tiberias y el mar de Galilea. Vimos Hebrón y la cueva de los Patriarcas. Visitamos Belén, el lugar de nacimiento de Jesús. Estuvimos en el monte de los Olivos desde donde vimos la antigua ciudad de David. Pero, sin duda alguna, Jerusalén misma fue el punto culminante de nuestro viaje.

Mientras caminaba por las estrechas calles de adoquines de las cuatro partes de la ciudad antigua, sentí que había llegado a casa. En cierto sentido que nunca pude haber imaginado, experimenté Jerusalén como mi hogar espiritual. Por primera vez, entendí plenamente que mis raíces espirituales estaban en ese lugar. En ningún otro lugar de la tierra he tenido los sentimientos que tuve en la ciudad de Jerusalén.

Tampoco había tenido una experiencia como la que tuve en el Kotel, o Muro Occidental, el antiguo muro de contención que data del 516 a.C., en el monte del Templo. Ese inmenso muro de piedra es lo único que queda del segundo templo, que fue destruido por Tito y sus legiones romanas cuando saquearon la ciudad de Jerusalén en el año 70 d.C.

El Kotel es el lugar más santo en el judaísmo que es accesible a los adoradores judíos. Allí los turistas se mezclan con los devotos, que van a orar y recitar la Torá o para realizar sus celebraciones del bar mitzvah, la ocasión cuando los muchachos judíos cumplen trece años, que es la edad tradicional de responsabilidad. Los judíos creen que la *Shekinah*, la divina presencia de Dios, reposa en el Muro.

Hombres y mujeres no pueden orar juntos en el Kotel, así que Diana y yo nos separamos en la división portátil. Al principio me mantuve a cierta distancia del Muro, asombrado por su altura y por el tamaño de las masivas piedras. La más grande de ellas, supe después, pesa 570 toneladas y es el objeto más pesado que los hombres han elevado jamás sin la ayuda de maquinaria.[3]

A medida que me acercaba, observé que había pedazos de papel enrollados y metidos en las hendiduras entre las piedras; el guía turístico había dicho que eran peticiones de oración. Yo abrí mi Biblia y leí durante unos minutos, y luego me incliné sobre el Muro y comencé a orar en silencio. A mi alrededor oía voces que hablaban en hebreo. Reconocí solo unas cuantas palabras, pero el fervor de las oraciones era inconfundible.

Un anciano estaba sentado cerca en una de las sillas de plástico que están a disposición de los adoradores. Estaba leyendo en voz alta la Torá. Vestido con la distintiva ropa de un ortodoxo judío —una camisa blanca y una larga túnica negra sobre pantalones negros—, tenía una larga barba, y llevaba un gorrito pequeño en la coronilla. Un chal blanco y azul se cruzaba sobre sus hombros, y se mecía adelante y atrás a la vez que se dirigía al Dios Todopoderoso.

Quedé cautivado por esa escena y el sonido de ese hombre. Pensé: "Aquí estamos, en el mismo lugar santo, orando al mismo Dios, creyendo las mismas Escrituras. Y sin embargo, no sé nada acerca de este hombre o de su fe".

Por razones que no podría explicar, ese pensamiento me inquietó profundamente. ¿Cómo *no* podía yo saber lo que había en su corazón o su mente? ¿Por qué sabía yo tan poco sobre la fe judía, cuando podía recitar largos pasajes de la Escritura y participar en debates teológicos acerca del significado de versículos escritos hace tantos siglos, por escritores *judíos*? Mi fe estaba relacionada con la de ese hombre. Compartíamos creencias e historia; sin embargo, yo era ignorante de las relaciones del cristianismo con el judaísmo.

Con renuencia, me fui del Muro Occidental y volví a reunirme con Diana, que ya había terminado de orar. Pero no pude sacar de mi mente al anciano judío. Mi esposa me agarró de la mano, y comenzamos a caminar de regreso al autobús del tour, que estaba aparcado a cierta distancia del Kotel. Yo rompí el silencio diciendo:

—Creo que el Señor quiere que haga todo lo que esté en mis manos para reunir a cristianos y judíos.

—¿Qué te hace pensar eso?—preguntó ella.

Yo le hablé del hombre al que había visto orar en el Muro y cómo me inquietó el saber tan poco sobre él o su fe.

—Quiero comprar unos de esos chales—dije yo—. No estoy seguro por qué, pero es importante.

Diana me dejó continuar por un momento. Cuando hice una pausa, ella dijo:

—¿Cómo harás para reunir a cristianos y judíos? Ambos sospechan mucho los unos de los otros.

—No tengo la menor idea—respondí—; solo sé que debo hacerlo.

La siguiente parada en nuestro tour resultó ser en un almacén judío llamado Arpa de David. En el interior encontré uno de los chales blancos y azules y me enteré de que se llamaba *tallit*, o chal de oración. Enseguida, lo compré, junto con libros por valor de 150 dólares. Yo había heredado la pasión de mi padre por la lectura y el aprendizaje, y aquel día escogí libros sobre la historia de Israel y del pueblo judío: *The Anguish of the Jews* (La angustia de los judíos) por el padre Flannery; *The War Against the Jew* (La guerra contra los judíos), por Dagobert Runes; y los dos volúmenes de John Toland de la historia de Adolfo Hitler.

Comencé a leer en cuanto regresamos al autobús del tour, y seguí leyendo durante el vuelo de regreso a casa. Yo me había graduado de dos universidades seculares y de un instituto bíblico, y había sido criado en un hogar cristiano toda mi vida, pero nunca había aprendido nada cercano a la verdad acerca de lo que el pueblo judío había pasado históricamente. Leí sobre las Cruzadas, la Inquisición española, el Holocausto, penetrando en los oscuros abismos de una historia que nunca me habían enseñado.

En algún lugar por encima del Atlántico comencé a tomar notas sobre lo que yo podía hacer para unir a cristianos y judíos, sin comenzar una revuelta. A lo largo de los siglos no hemos tenido exactamente una relación cordial. ¿Qué me hizo pensar que posiblemente yo podría cambiar algo que había estado grabado en los corazones y mentes de estos dos grupos inmensamente diferentes durante dos mil años?

Yo no podía hacerlo, desde luego. Al menos no por mí mismo. Lo importante era que yo reconocía que era Dios quien había puesto ese deseo en mi corazón el día que había orado en el Muro Occidental. Los libros que había comprado en Jerusalén se convirtieron en el fundamento intelectual de la obra de mi vida. Pasarían otros tres años antes de que emprendiera ninguna acción concreta hacia el cumplimiento de la misión que Dios me había dado aquel día, pero el paso que sí di fue afrontar la verdad de que los padres de la Iglesia cristiana habían estado entre los principales perseguidores del pueblo judío a lo largo de la Historia.

CAPÍTULO 3

PECADOS DE LOS PADRES

La historia que descubrí en los libros que llevé a casa desde Israel no era parecida a nada que yo hubiera jamás aprendido en mi educación universitaria. Cuando el estadounidense promedio oye el término "antisemitismo", probablemente piense en Hitler y los nazis, o en al Qaeda y las organizaciones terroristas militantes jihadistas. Hasta podría pensar en el Ku Klux Klan o en los "cabezas rapadas" en los Estados Unidos. En realidad, el antisemitismo tiene su origen y la raíz completa de su estructura en el cristianismo, que se remonta a los primeros tiempos de la Iglesia cristiana. Hasta que asimilemos cuáles son los verdaderos orígenes del antisemitismo, no podremos abordar correctamente este pecado, que está entre los más atroces.

La idea misma de un cristiano antisemita es un oxímoron, una absoluta contradicción. El antisemitismo es sinónimo de odio. El cristianismo es sinónimo de amor. Muéstreme a un cristiano antisemita y yo le mostraré un cristiano espiritualmente muerto cuyo odio hacia otros seres humanos ha ahogado su fe.

La doctrina cristiana del amor fue enseñada por primera vez por un rabí judío de Nazaret, quien dijo: "Ama a tu prójimo como a ti mismo" (Mateo 19:19 NVI). "Y éste es mi mandamiento: que se amen los unos a los otros, como yo los he amado" (Juan 15:12). "En esto conocerán todos que sois mis discípulos, si tuviereis amor los unos con los otros" (Juan 13:35). "Amad a vuestros enemigos" (Mateo 5:44).

Ya que sabemos que Jesús enseñó una doctrina de amor, ¿cuándo comenzó la doctrina de odio hacia el pueblo judío? ¿Cómo llegaron a separarse los gentiles y los judíos que seguían las enseñanzas de Cristo en la Iglesia primitiva? ¿Cómo sucedió que en trescientos años la Iglesia inspirada por un rabí judío y sus doce discípulos judíos comenzó a matar a judíos como asunto de política eclesial? Permítame ofrecer una breve explicación.

Después de la crucifixión de Jesús y su resurrección y ascensión al cielo, creyentes judíos y gentiles siguieron adorando juntos en armonía durante décadas. Cuando Tito marchó desde Roma en el año 70 d.C., puso asedio a la ciudad de Jerusalén durante meses, minando y finalmente destruyendo la Ciudad Santa. Jerusalén quedó en ruinas, incluyendo el centro de su fe: el gran templo. Las masivas piedras fueron hechas pedazos, quedando solamente una porción del Muro Occidental, el cual era conocido por los gentiles como el Muro de las Lamentaciones debido a la profunda tristeza del pueblo judío ante la pérdida de su templo. Más de un millón de judíos murieron durante el asedio romano de Jerusalén; la mayoría de ellos murieron de hambre.

La mayoría de los restantes 97,000 judíos fueron llevados a Roma, donde muchos fueron crucificados en cruces romanas mientras sus esposas y sus hijos eran obligados a mirar. Algunos fueron martirizados en alguno de los muchos estadios en Roma. Setenta mil fueron hechos esclavos y obligados a construir el Coliseo romano.

Muchos creyentes gentiles huyeron de Jerusalén a la ciudad cercana de Pella para escapar del ataque, mientras que los judíos se quedaron atrás. ¿Por qué se fueron los gentiles? Ellos habían oído decir a Jesús que Jerusalén sería atacada, que habría "guerras, y rumores de guerras", y él los aconsejó que huyeran a las montañas (Mateo 24). Cuando los romanos dieron a los gentiles la opción de abandonar Jerusalén, ellos hicieron exactamente eso. Esa separación física de los dos grupos demostraría ser permanente y formaría la base de la tensa relación entre ellos.

Los judíos consideraron el éxodo de los gentiles una traición, y la brecha entre los dos grupos nunca fue reparada. Esa separación de judíos y gentiles se hizo oficial a principios del siglo IV, cuando el emperador Constantino "cristianizó" el Imperio romano. En un día, con una firma de su pluma, él hizo de la versión romana del cristianismo la religión oficial del Estado, una religión llena de idolatría debido a la influencia pagana.

La teología monoteísta de los devotos judíos era más de lo que Roma podía entender, y ciertamente más de lo que iba a tolerar. Roma tenía un panteón de dioses y menospreciaba la lealtad de los judíos a una sola deidad. El consenso romano fue que los judíos eran simplemente un pueblo terco y rebelde, cuando, de hecho, el pueblo judío estaba guardando el primer mandamiento.

Constantino y sus clérigos en el Concilio de Nicea enseguida comenzaron a promulgar una serie de restrictivos edictos contra el pueblo judío. Su propósito era separar a gentiles y judíos para que no adoraran juntos. En sus palabras, él consideraba a los judíos "una secta malvada y perversa" no tengamos nada que ver con los judíos que son nuestros adversarios, a fin de no tener ya nada más en común con esos parásitos y asesinos de nuestro Señor".[1]

Los primeros padres del cristianismo

El antisemitismo en el cristianismo continuó con los escritos de los primeros padres de la iglesia, una venenosa corriente de veneno que salía de las bocas de los supuestamente líderes espirituales. El odio cristiano hacia los judíos, enmascarado como enseñanza espiritual, alcanzó un clímax en los escritos de S. Juan Crisóstomo (354-407 d.C.), que era conocido como el obispo con la boca de oro. El primero en una larga línea de líderes cristianos que etiquetó a los judíos como "asesinos de Cristo", los sermones antijudíos de Crisóstomo fueron lectura clásica cristiana durante siglos.

En Semana Santa, los clérigos cristianos inflamaban las pasiones de los fieles hasta que los santos salían de las iglesias con palos, corrían hasta los barrios judíos, y golpeaban a los judíos hasta matarlos por lo que le hicieron a Jesús en la cruz. Se convirtió en una costumbre anual en Semana Santa arrastrar a un judío hasta la iglesia y golpearlo en la cara delante del altar. "Esa ceremonia a veces se realizaba con excesivo vigor; en una ocasión, relata un cronista monje (sin expresar, sin embargo, ninguna desaprobación), un distinguido noble que hacía el papel del celebrante principal, 'golpeó los ojos y el cerebro del pérfido (judío incrédulo), quien cayó muerto allí mismo'... sus hermanos de la sinagoga sacaron el cuerpo de la iglesia y lo enterraron".[2]

Los cruzados

La perfección del odio cristiano finalmente dio nacimiento a la Edad Media y las Cruzadas. Durante la Primera Cruzada a Tierra Santa, en 1096, los ejércitos de cruzados, llamados "Caballeros de la Cruz", dejaron un rastro de sangre judía por toda Europa. En un periodo de seis meses, unos diez mil judíos fueron masacrados; hasta una tercera parte de la población judía de Alemania y Francia.[3]

A algunas comunidades judías se les dio la oportunidad de salvar sus vidas cumpliendo con la demanda de los cruzados de inmensas cantidades de oro y plata. Las comunidades judías que no podían satisfacer la petición de rescate eran masacradas en el nombre de Dios. Otros decían una oración final y mataban a sus esposas e hijos con misericordia y rapidez, para que los cruzados que llevaban la cruz no los masacraran. Luego los padres se suicidaban para preservar la santidad del nombre de Jehová Dios.

Los cruzados no eran solamente hombres santos en una misión santa; eran una turba desigual y engañada de ladrones, asesinos y violadores que creían que sus pecados habían sido perdonados de antemano por el papa. De hecho, un cruzado no solamente consideraba perdonados sus pecados, sino que también eran canceladas todas sus deudas económicas con cualquier acreedor judío. No es extraño que tantos jóvenes europeos aventureros se apuntaran a la causa. Para ellos, era una manera rápida de librarse de las deudas, tanto en esta vida como, en teoría, en la próxima.

Como "bonificación", se permitía a los cruzados robar sus posesiones a los judíos. Ellos podían asesinar a los judíos y violar a sus esposas e hijas, y todo era perdonado por el papa incluso antes de que ellos salieran a las Cruzadas. ¿Por qué? Porque la iglesia romana, en un intento de hacerse con el control de Jerusalén, declaró que era la voluntad de Dios.

En 1099, la Cruzada Godfrey fue la primera en llegar a Jerusalén, invadiendo la ciudad mediante el barrio judío. Cuando comenzó la matanza, desesperados judíos buscaron protección en la sinagoga, cerrando las puertas con llave tras ellos. Ese intento de salvar sus vidas resultó fútil. Al descubrir la sinagoga cerrada y llena de judíos, los cruzados la incendiaron. Marcharon alrededor de la sinagoga cantando: "Cristo te adoramos", mientras que desde el interior del edificio los aterradores gritos de 969 hombres, mujeres y niños indefensos suplicaban misericordia mientras morían abrasados.[4] Después, se les prohibió a todos los no cristianos vivir en Jerusalén.

¿Es sorprendente, entonces, que hoy día la palabra *cruzada* cause náuseas a los judíos? Un cristiano ve la cruz y piensa en perdón de pecado; un judío mira la cruz y ve una silla eléctrica, una señal de muerte; una señal bajo la cual sus parientes han sido masacrados durante dos mil años.

El Cuarto Concilio laterano

El Cuarto Concilio laterano se reunió en noviembre de 1215 como respuesta al llamado del papa Inocencio III. Más de mil delegados de la iglesia se reunieron en cuatro tormentosas sesiones para determinar cuál debería ser la relación oficial entre cristianos y judíos bajo la política católica romana. Uno de los edictos que resultaron del cuarto Concilio laterano fue una declaración formal que apoyaba la conducta opresiva y violenta de la iglesia romana hacia los judíos durante siglos anteriores. Sería el estándar de conducta oficialmente aprobado para los cristianos europeos hacia los judíos a lo largo de los siglos, y seguía estando en vigor cuando Adolfo Hitler finalmente llegó al poder.

El Concilio declaró que todos los judíos debían llevar la etiqueta de la vergüenza. Preocupados de que cristianos y judíos tuvieran relaciones sexuales, los Padres de la iglesia obligaron a los judíos a llevar ropa distintiva a fin de poder ser reconocidos a simple vista. "A fin de que la ofensa de tan terrible mezcla no se extendiera más, bajo la excusa de un error de este tipo, decretamos que tales personas de ambos sexos, en todas las provincias cristianas y en todo momento, deben ser distinguidas en público de otras personas por el carácter de su ropa; viendo, además, que eso les fue impuesto por Moisés mismo, tal como leemos".[5]

La referencia a la ropa distintiva impuesta por Moisés se refiere al hecho de que Moisés enseñó a los hombres de Israel a hacer chales de oración (Números 15:37-41) que los hombres adultos debían llevar puestos "de generación en generación". Los padres de la iglesia utilizaron la descripción de Moisés de un chal de oración como justificación escritural para obligar a todos los judíos "de ambos sexos en toda provincia cristiana" a vestirse distintivamente, un obvio abuso de ese pasaje.

Cuando Adolfo Hitler llegó al poder en el siglo XX, pudo utilizar este edicto de cuatro siglos de duración para obligar a los judíos a ponerse "la banda amarilla", un emblema de la estrella de David, fijándolos así como objetivo para el abuso y la ejecución. Hitler pudo fácilmente segregar a los ciudadanos judíos del resto de la población simplemente implementando una política de la iglesia que visiblemente marcaba a los judíos.

El Cuarto Concilio laterano también decretó que los judíos debían diezmar a la iglesia romana. Se ordenaba a los judíos que pagaran diezmos (el 10% de sus ingresos brutos) a la iglesia porque entonces los judíos eran propietarios de tierras que anteriormente habían pertenecido a cristianos. La iglesia romana no podía permitirse una pérdida de ingresos solo porque un cristiano hubiera vendido su propiedad a un pérfido judío, así que decidió recuperar sus pérdidas imponiendo un estricto impuesto económico.

La lectura exacta del edicto del Concilio declara: "Decretamos, bajo el mismo castigo, que los judíos sean obligados a satisfacer a las iglesias con diezmos y ofrendas debidos a las iglesias, los cuales las iglesias estaban acostumbradas a recibir de los cristianos por casas y otras posesiones, antes de traspasarlas mediante cualquier título a los judíos, a fin de que las iglesias sean preservadas así de sufrir pérdidas".[6] Ese edicto eclesiástico no era nada menos que extorsión. Era control económico de los judíos utilizando la ley.

En esta área también, el Cuarto Concilio laterano estaba estableciendo una política eclesial que allanaría el camino para la política nazi. El día 1 de abril de 1933, sesenta días después de que Adolfo Hitler hubiera jurado delante del pueblo alemán "conducir mis asuntos de gobierno imparcialmente y con justicia para todos", declaró un boicot general de todos los negocios judíos en el Tercer Reich.[7] Era, una vez más, control económico de los judíos mediante la ley.

El Cuarto Concilio laterano también decretó que los judíos no podían ocupar cargos públicos, y llamó a los poderes seculares a "exterminar a todos los herejes".[8]

El 7 de abril de 1933, el Tercer Reich alemán aprobó una ley con el pomposo título: "Ley para la restauración del servicio civil militar". La altiva legislación fue el instrumento legal mediante el cual los nazis despidieron a todos los judíos que tenían un empleo de servicio civil en Alemania. De la noche a la mañana, miles de judíos se quedaron sin trabajo. Fue, una vez más, control económico de los judíos mediante la ley y un reflejo de una política de mucho tiempo de la iglesia católica.

En cada uno de estos ejemplos, Hitler, el más notable ejemplo de antisemitismo del siglo XX, simplemente puso en vigor políticas que habían sido aprobadas por la iglesia durante el curso de la Historia y que seguían siendo la política oficial de la iglesia cuando el partido nazi llegó al poder.

La Inquisición española

La Inquisición española comenzó en el año 1481, golpeando a los judíos como si fuera un rayo caído del cielo azul. Durante años, los judíos de España estuvieron bajo una presión extrema para que se convirtieran a la iglesia romana. Muchos lo hicieron y fueron denominados *marranos* (cerdos). Eran odiados por los judíos por ser traidores al judaísmo, y odiados por la iglesia, que creía que ellos practicaban en secreto el judaísmo a la vez que fingían ser católicos.

El fervor religioso aumentó hasta que Fernando e Isabel apelaron al papa Sixto IV en 1477 para establecer una Inquisición. Debe decirse que esa Inquisición fue establecida por la iglesia romana y recibió su poder directamente del papa. Su propósito era purgar a la iglesia de herejes, en particular anteriores judíos cuyas forzadas conversiones al cristianismo eran cuestionadas.

Dos monjes dominicos, Miguel de Morillo y Juan de San Martín, fueron nombrados para dirigir la Inquisición el 27 de septiembre de 1480. Las acaudaladas y notables personalidades de la comunidad judía fueron llevadas delante del tribunal religioso.

Joseph Telushkin describe el periodo de la Inquisición de este modo: "Las personas que se negaban a confesar aun después de haber sido condenadas, o que eran lo bastante valientes para reconocer que seguían siendo judíos, eran repetidamente torturadas u obligadas a ceder a la verdad del cristianismo. Durante los siglos en que la Inquisición tuvo poder, miles de judíos secretos fueron puestos en el patíbulo, les obligaban a beber agua después de que les hubieran tapado la nariz, o eran sometidos a otras torturas. Todos esos actos los realizaban sacerdotes que afirmaban estar motivados solamente por amor a las personas a las que torturaban".[9] Cientos eran sentenciados a ser quemados en la hoguera, y miles regresaron a la iglesia con aterrada obediencia.

La Inquisición fue ampliada en octubre de 1483, y bajo el fanático liderazgo de Tomás de Torquemada, alcanzó niveles de tortura que los judíos no volverían a experimentar hasta que los sádicos Cuerpos de la SS nazi llegaran a su mayor nivel de locura. Torquemada publicó "Manuales de la Inquisición", que daba consejos sobre cómo descubrir a un judío "oculto" y cómo extender e intensificar el sufrimiento de los judíos juzgados mediante llamas, garrote, hoguera, látigo o agujas. Las torturas de la Inquisición continuaron desde finales del siglo XV hasta el siglo XVIII. Durante este periodo 323,362 personas fueron quemadas vivas, y 17,659 fueron quemadas en efigie. Es uno de los periodos más oscuros de la historia española.[10]

Martín Lutero

Italia y España no fueron las únicas naciones europeas que persiguieron a los judíos a lo largo de la Historia. Durante la Edad Media y los siglos subsiguientes, a los judíos se les robó, se les torturó y se les asesinó por toda Inglaterra, Francia y Alemania. Sería Alemania, sin embargo, la que produciría dos de las influencias más poderosamente antisemitas de todos los tiempos.

Pocas personas han tenido una influencia mayor sobre la fe protestante que Martín Lutero. Sin embargo, fue su antisemitismo el que era profundamente apreciado por Adolfo Hitler. Dean Inge escribió: "El peor genio malvado de Alemania no es Hitler, o Bismarck, o Federico el Grande, sino Martín Lutero".[11]

Martín Lutero desencadenó la Reforma cuando clavó sus noventa y nueve tesis a la puerta de la catedral. Al principio de su ministerio, Lutero estaba convencido de que el pueblo judío estaría encantado con su nueva marca de cristianismo y que se uniría a su asalto a la iglesia católica. Él hizo comentarios elogiosos acerca de la contribución de los judíos al cristianismo; pero cuando los judíos no se unieron a Lutero, este se volvió contra ellos con una vulgaridad y venganza que finalmente proporcionaría muchos textos adecuados para el programa de exterminación de Hitler.

Algunas de las declaraciones más crueles y de odio hacia los judíos jamás realizadas se encuentran en su tratado titulado: "Con respecto a los judíos y sus mentiras". Dice lo siguiente:

Permitan que les dé mi sincero consejo.

En primer lugar, sus sinagogas o iglesias deberían ser quemadas, y cualquier cosa que no arda debería ser cubierta de tierra para que nadie pueda ver nunca ni cenizas ni piedras de ellas. Y esto debiera hacerse para el honor de Dios y del cristianismo a fin de que Dios pueda ver que somos cristianos...

En segundo lugar, sus hogares deberían ser derribados y destruidos.

En tercer lugar, ellos deberían ser privados de sus libros de oraciones y Talmudes en los cuales se enseñan tales idolatrías, mentiras, maldiciones y blasfemias.

En cuarto lugar, se debería prohibir a sus rabinos que enseñen bajo amenaza de muerte...

En quinto lugar, debería prohibirse por completo a los judíos pasaportes y privilegios de transporte. Que se queden en sus casas.

En sexto lugar, debiera detenerse su usura. Por esta razón, como dije antes, todo lo que poseen nos lo robaron mediante su usura, porque no tienen otros medios de sostén.

En séptimo lugar, que se les dé a los jóvenes judíos y judías el mayal, el hacha, la azada, la pala, la rueca y el huso, y que se ganen el pan con el sudor de sus frentes, como se les impone a los hijos de Adán. Debiéramos expulsar de nuestro sistema a los brazos flojos.

Sin embargo, si tenemos temor a que ellos pudieran hacernos daño personalmente, o a nuestras esposas, hijos, sirvientes, ganado, etc., entonces apliquemos la misma astucia (expulsión) que los otros países como Francia, España, Bohemia, etc., y saldemos la cuenta por lo que ellos nos han arrancado, y después de haberlo dividido con justicia, expulsémoslos del país para siempre.

Para resumir, queridos príncipes y nobles que tienen judíos en sus dominios, si este mi consejo no les encaja, entonces busquen una mejor manera a fin de que ustedes y nosotros podamos ser liberados de este insufrible y demoníaco peso: los judíos.[12]

Esas fueron algunas de las últimas palabras redactadas por Martín Lutero. Cuatro siglos después, sin embargo, su tratado que prescribía un atroz tratamiento del pueblo judío sería llevado a cabo casi al pie de la letra en su propio país.

Cuando los nazis pusieron a los judíos en guetos, en establos y campamentos, estaban siguiendo los preceptos de Lutero; cuando quemaron sinagogas, hogares y escuelas judías, estaban llevando a cabo la voluntad de Lutero; cuando los alemanes robaron a los judíos sus posesiones, estaban haciendo lo que Lutero dijo; cuando los alemanes redujeron a los judíos a la esclavitud en campos de concentración, ¡estaban meramente siguiendo la enseñanza de Lutero de hacer a los hebreos esclavos de los siervos!

Aunque Adolfo Hitler, que era católico, estaba motivado principalmente por ideas de pureza racial, se apoyó libremente en la teología de Lutero al presentar su fundamento al pueblo alemán. Su máquina de matar nazi demostró "una adecuada apreciación de la continuidad de su historia cuando ellos declararon que el primer pogromo nazi a gran escala (persecución física violenta de los judíos) en noviembre de 1938 era una piadosa operación realizada en honor del aniversario del cumpleaños de Lutero".[13]

Adolfo Hitler y el Holocausto

Las atrocidades de Adolfo Hitler hacia los judíos han sido escritas por los mejores eruditos del mundo. No hay propósito en volver a recordar sus sangrientos pasos, los cuales arrastraron a Europa y al mundo a lo más profundo del infierno durante doce años de indescriptible pesadilla.

Lo que sí es pertinente para este texto es demostrar cómo la política de la iglesia romana moldeó la política del Tercer Reich. Cuando Hitler firmó un tratado con el Vaticano en Roma, dijo: "Solo estoy continuando con la obra de la iglesia católica".[14] En este capítulo he incluido una comparación del registro histórico de la política de la iglesia y la política nazi.[15]

Política de la iglesia romana	Política nazi
1. Prohibición de matrimonios y relación sexual entre cristianos y judíos, Sínodo de Elvira, 306 d.C.	1. Ley para la protección de la sangre y el honor alemanes, 15 de septiembre, 1935 (RGB1 I, 1146)
2. No se permite a judíos y cristianos comer juntos Jews, Sínodo de Elvira, 306 d.C.	2. Se prohíbe a los judíos entrar en vagones comedores, 30 de diciembre, 1939, Documento NG-3995
3. No se permite a los judíos tener puestos públicos, Sínodo de Clermont, 535 d.C.; también Cuarto Concilio laterano, 1215 d.C.	3. Ley para el restablecimiento del servicio civil profesional, 7 de abril, 1935 (RGB1 I, 175), en la cual los judíos fueron expulsados de sus puestos y sus empleos de servicio civil
4. No se permite a los judíos emplear sirvientes cristianos o poseer esclavos cristianos, Tercer Sínodo de Orleans, 538 d.C.	4. Ley para la protección de la sangre y el honor alemanes. 15 de septiembre, 1935 (RGB1 I, 1146). Prohibido a alemanes contratar judíos.
5. No se permite a los judíos aparecer en las calles durante la semana de la Pasión, Tercer Sínodo de Orleans, 538 d.C.	5. Decreto autorizando a las autoridades locales prohibir a los judíos calles en ciertos días (ej.: vacaciones nazis), 3 de diciembre, 1938 (RGB1 I, 1676)
6. Quema del Talmud y otros libros, Duodécimo Sínodo de Toledo, 681 d.C.	6. Quema de libros nazi en Alemania.
7. No se permite a los cristianos apoyar a médicos judíos, Sínodo Trulánico, 692 d.C.	7. Decreto del 25 de julio, 1938 (RGB1 I, 969), prohibiendo a los alemanes apoyar a médicos judíos

Política de la iglesia romana	Política nazi
8. Los judíos son obligados a pagar impuestos para sostén de la iglesia igual que los cristianos, Cuarto Concilio laterano, 1215 d.C.	8. Los judíos deben pagar un impuesto especial para propósitos del partido nazi impuesto el 24 de diciembre, 1940 (RGB1 I, 1666)
9. No se permite a los judíos ser demandantes o testigos contra cristianos en los tribunales, Tercer Concilio laterano, 1179 d.C., Canon 26	9. No se permite a los judíos instituir demandas civiles, 9 de septiembre, 1942 (NG-151)
10. No se permite a los judíos retener herencias a descendientes que hubieran aceptado la cristiandad, Tercer Concilio laterano, 1179 d.C., Canon 26	10. Decreto capacitando al Ministerio de Justicia para invalidar testamentos que ofendan "el sano juicio del pueblo", 31 de julio, 1938 (RGB1 I, 937)
11. Se hacen ropas judías con una marca, Cuarto Concilio laterano, 1215 d.C., Canon 68	11. Decreto del 1 de septiembre, 1941, obligando a todos los judíos a llevar la estrella de David amarilla (RGB1 I, 547)
12. Prohibida la construcción de nuevas sinagogas, Concilio de Oxford, 1222 d.C.	12. Destrucción de sinagogas en todo el Reich, 10 de noviembre, 1938 (Heydrich a Goring PS-3058)
13. No se permite a los cristianos asistir a cermonias judías, Sínodo de Viena, 1267 d.C.	13. Prohibidas las relaciones amigables con judíos, 24 de octubre, 1941 (directiva de la Gestapo, L-15)
14. Los judíos son obligados a vivir en guetos lejos de los cristianos, Sínodo de Breslau, 1267 d.C.	14. Los judíos son obligados a vivir en guetos, Orden de Heydrich, 21 de septiembre, 1939 (PS-3363)

Política de la iglesia romana	Política nazi
15. No se permite a los judíos obtener títulos académicos, Concilio de Basilea, 1434 d.C., Sesión XIX	15. Todos los judíos expulsados de escuelas y universidades en todo el Tercer Reich con la Ley contra la saturación de escuelas y universidades alemanas 25 de abril, 1933 (RGB1 I, 225)
16. Exterminación en masa de los judíos en las Cruzadas. El Cuarto Concilio laterano llamó a los poderes seculares a "exterminar a todos los herejes", 1215 d.C. La Inquisición quemó en la hoguera a miles mientras confiscaba sus propiedades.	16. La "Solución final" de Hitler llamó a la masacre sistemática de todos los judíos de Europa. Él tomó sus hogares, sus empleos, sus posesiones (hasta sus empastes de oro), sus nombres, y finalmente sus vidas mismas. ¿Su justificación? "Es la voluntad de Dios" y "es la voluntad de la iglesia".

El Holocausto no comenzó con Hitler alineando a los judíos para la cámara de gas; comenzó con los líderes religiosos sembrando las semillas del odio dentro de sus congregaciones hacia el pueblo judío. Hitler citó la Biblia, capítulo y versículo, para justificar su ataque a los judíos.

Cuando a un general alemán se le preguntó en los Juicios de Nuremberg cómo pudieron ser sistemáticamente asesinadas seis millones de personas por un pueblo alemán que estaba entre las sociedades más avanzadas del mundo, él dijo: "Soy de la opinión de que cuando por años, por décadas, se predica la doctrina de que los judíos no son ni siquiera seres humanos, un resultado así es inevitable".[16]

Los cristianos hoy día tienen dificultad para entender por qué el pueblo judío piensa en Adolfo Hitler como cristiano. Es bastante sencillo. Los judíos equiparan a Adolfo Hitler con ser cristiano por la misma razón que la mayoría de la gente piensa que cualquier predicador muy conocido es cristiano. La mayoría de predicadores asisten a las escuelas cristianas y se gradúan, y dan dinámicos testimonios públicos de que son cristianos. Cuando predican, citan la Biblia y anuncian que tienen un llamado de Dios para llevar a cabo su misión.

Adolfo Hitler también asistió a una escuela cristiana bajo la tutela del padre Bernard Groner. Cuando era un muchachito, Hitler le dijo a un amigo que era su ardiente deseo hacerse sacerdote. Después de que hubo escrito *Mein Kampf*, un texto de su filosofía política y personal que incluía su deseo de exterminar a los judíos, dio testimonio público de que "yo soy ahora, como antes, católico y siempre lo seré".[17]

Él dio su testimonio en diciembre de 1941 cuando anunció su decisión de implementar la Solución Final después del bombardeo de Pearl Harbor. Ordenó que "las matanzas deberían realizarse todo lo humanamente posible. Esto estaba en línea con su convicción de que estaba cumpliendo el mandamiento de Dios de limpiar el mundo de chusma. Llevaba en su interior la enseñanza católica de que el judío era el asesino de Dios. La exterminación, por tanto, podía realizarse sin remordimiento de conciencia, ya que él estaba actuando meramente como la mano vengadora de Dios".[18]

Mil años de antisemitismo cristiano llegaron a su apogeo, y en un breve periodo una tercera parte de los judíos europeos fueron asesinados ahogados por gas Zyklon B, un insecticida con base de cianuro, o sacrificados en pozos abiertos, con sus cuerpos desnudos apilados en montones. En los Juicios de Nuremberg se dio el siguiente testimonio en respuesta a preguntas sobre lo que se les hacía a los niños judíos en los campos de concentración:

> Los mataban con sus padres, en grupos y solos. Los mataban en hogares infantiles y hospitales, quemándolos vivos en tumbas, lanzándolos a las llamas, apuñalándolos con bayonetas, envenenándolos, realizando experimentos con ellos, extrayendo su sangre para el uso del ejército alemán, metiéndolos en prisión y cámaras de tortura y campos de concentración de la GESTAPO, donde los niños morían de hambre, tortura y enfermedades.[19]

> Con mucha frecuencia las mujeres ocultaban a sus hijos bajo sus ropas, pero, desde luego, cuando los encontraban, enviaban a los niños para ser exterminados.[20]

> Las madres en la agonía de los dolores de parto compartían coches con quienes estaban infectados por tuberculosis o enfermedades venéreas. A los bebés, cuando nacían, se les arrojaba por las ventanillas de esos coches.[21]

> En ese periodo, cuando el mayor número de judíos era exterminado en las cámaras de gas, se promulgó una orden de que los niños debían ser lanzados a los hornos crematorios, o a zanjas crematorias, sin asfixia previa por gas... Los niños eran lanzados vivos, y sus gritos se oían por todo el campo.[22]

Si Jesús y sus discípulos hubieran vivido en Europa en 1940, ellos habrían sido metidos en vagones para ganado a punta de bayoneta y llevados a Auschwitz. Recuerde: ¡todos ellos eran judíos!

Al llegar a Auschwitz, habrían sido llevados a una cámara de gas en masa para arañar las paredes por el terror a la vez que buscaban respirar aire frenéticamente. Jesucristo, junto con Pedro, Santiago, Juan y el resto, habrían muerto lentamente ahogados por el gas venenoso durante quince largos minutos, quedando grotescamente en pie porque estaban apiñados como sardinas y no podían caer al piso.

Es una historia completamente diferente cuando uno ve al pueblo judío como la familia de Jesucristo. La maquinaria de propaganda de Hitler separaba a Jesús de su herencia judía. En los escritos de Hitler, Jesucristo era, de hecho, el primero que odió a los judíos. "Cristo fue el mayor luchador en la batalla contra el enemigo del mundo: los judíos", vociferaba Hitler.[23]

En los Estados Unidos actualmente muchos predicadores aún tratan de separar a Jesucristo de su herencia judía y del pueblo judío, llamando a los judíos "nuestro dilema". Ellos tratan de enfrentar a la iglesia contra el pueblo escogido de Dios diciendo que "la iglesia es el único Israel verdadero".

Y sin embargo, hay vislumbres de esperanza.

Comienza la reconciliación...

El papa Juan Pablo II será recordado por muchas de las causas dignas que apoyó, pero para el pueblo judío, los elementos más importantes de la obra de Juan Pablo implicaron la reconciliación de la iglesia católica con su pasado antisemita, conmemorando el Holocausto, y oficialmente reconociendo al Estado de Israel. Algunos han dicho que él será recordado como "el mejor papa que los judíos hayan tenido nunca".[24]

El sucesor de Juan Pablo, el papa Benedicto XVI, ha asegurado a los líderes judíos que la iglesia católica romana está comprometida a luchar contra el antisemitismo y a forjar vínculos más estrechos entre judíos y católicos.

Mi propio deseo de reconciliación con mis hermanas y hermanos judíos —quienes adoran al Dios de Abraham, Isaac y Jacob igual que yo— comenzó en mi primer viaje a Israel en 1978, y profundizó a medida que contemplaba la larga historia de atrocidades cristianas contra el pueblo judío. En 1981 ese deseo de reconciliación se convirtió en una realidad personal. Hice amistad con un rabí local en San Antonio. Y los amigos pueden construir un puente en el mayor de los abismos.

CAPÍTULO 4

"UNA SOLA NOCHE"
SE CONVIERTE EN MUCHAS

Mientras profundizaba en la historia de la persecución del pueblo judío, también estudiaba las raíces judías del cristianismo. Prediqué un sermón sobre el simbolismo del *tallit*, el chal de oración que había comprado en Jerusalén, mostrando cómo era la vestidura que la mujer enferma en Lucas 9 tocó. Ella fue curada de más de una década de hemorragia cuando tocó las borlas del borde del chal de oración de Jesús. Descubrí que tales sanidades eran el cumplimiento de una profecía en Malaquías: "nacerá el Sol de justicia, y en sus alas traerá salvación" (Malaquías 4:2). La palabra traducida como *alas* se refiere a las borlas de un *tallit*.

Sin embargo, yo no había hecho nada que respaldara la promesa que había hecho de hacer algo para unir a judíos y cristianos. Después de regresar de nuestro viaje a Israel, descubrí que un miembro de nuestro grupo de la excursión me había tomado una fotografía orando en el Muro Oriental, y la foto también captaba al anciano que llevaba el chal de oración mientras recitaba la Torá. Amplié la fotografía y la colgué en mi oficina como recordatorio de la poderosa experiencia que yo había tenido aquel día en Jerusalén.

Mis días se pasaban con el pastoreo de una iglesia creciente, y Diana y yo nos manteníamos ocupados criando a una familia creciente. Al igual que mi padre, yo era un lector voraz, y me mantenía al día acerca de las noticias sobre Israel y Oriente Medio, pero no era una pasión absorbente para mí.

Eso cambió el primer domingo en junio de 1981, cuando me vi envuelto en la tormenta de los medios de comunicación que surgió por el bombardeo israelí del reactor nuclear de Iraq, que los servicios de inteligencia habían indicado que estaba siendo usado por Sadam Hussein en búsqueda de armas nucleares.

En los años setenta, el dictador de Iraq había persuadido al gobierno francés para que le ayudara en la construcción de un reactor de pruebas de materiales nucleares clase Osiris y un laboratorio de producción. Los franceses, que también proveían a Iraq de una sustancial cantidad de combustible de uranio muy enriquecido, apodaron a las instalaciones *Osirak*: por su clasificación nuclear, Osiris (el dios egipcio de la muerte), y el país, Iraq. Sin embargo, los iraquíes llamaron al reactor *Tammuz 1*, en honor al mes durante el cual el partido Ba'ath de Sadam Hussein tomó las riendas del gobierno en 1968.

A finales de los años setenta, cierto número de gobiernos occidentales estaban preocupados porque Iraq se estuviera preparando para utilizar el reactor para la producción de plutonio para armamento. Israel estaba especialmente preocupada y buscó relaciones diplomáticas con Francia, Italia (a quienes el gobierno iraquí anteriormente había tratado de comprar un reactor) y los Estados Unidos. Pero sin seguridad de que se detuviera esa producción, y con el gobierno francés que seguía ayudando al programa nuclear de Iraq, el gobierno israelí decidió emprender la acción *antes* de que el reactor fuera cargado de combustible nuclear. Una vez que eso sucediera, sería imposible eliminar Osirak sin un alto riesgo de lluvia radiactiva, la cual tendría el potencial de dañar no solo a la población iraquí sino también a las personas de países limítrofes. (La explosión en 1986 del reactor en Chernobyl, Ucrania, demostró lo destructora que podía ser esa lluvia radiactiva.)

Poco después del comienzo de la guerra Irán-Iraq en 1980, el ejército iraní atacó el reactor Osirak durante un ataque aéreo el 30 de septiembre. Los daños, sin embargo, no fueron lo bastante graves para detener el programa nuclear de Sadam Hussein. Por tanto, el domingo, 7 de junio de 1981, las fuerzas aéreas de Israel terminaron el trabajo que Irán había comenzado nueve meses antes. Llamada Operación Ópera, la misión israelí fue dirigida por un escuadrón de ocho aviones de combate F-16 multipropósito escoltados por seis cazas F-15. El avión pesadamente cargado voló 680 millas —sin ser detectado sobre el espacio aéreo saudita y jordano— para alcanzar su objetivo. En un ataque selectivo, los ocho F-16 soltaron sus armas, y las dieciséis bombas Mark 84 alcanzaron al reactor Osirak.

Con el Osirak incapacitado, los planes nucleares de Sadam Hussein descarrilaron, al menos por el momento. Israel, al igual que el resto de Oriente Medio, estaba seguro.

Pero las repercusiones políticas contra Israel fueron rápidas y evidentes. En los días siguientes al ataque de junio de 1981 yo estaba cada vez más frustrado por la cobertura nada imparcial de los medios de comunicación. Una noche, fue más de lo que pude soportar. Estaba sentado en una silla con demasiada almohadilla, con el periódico en mi regazo y los pies sobre la otomana. La prensa criticaba a Israel página tras página, así que puse el periódico a un lado y encendí el televisor para ver las noticias. La misma historia. Las tres cadenas presentaban tomas de reporteros con caras serias que estaban en el exterior de las Naciones Unidas, donde el Consejo de Seguridad amenazaba con aprobar una resolución condenando a Israel. Oficiales de los Estados Unidos se unían al coro de voces que castigaban a Israel por haber emprendido la acción contra la amenaza de devastación nuclear de un dictador a quien no le parecía nada destruir la nación de Israel, aun si eso significaba borrar también a una parte considerable de los vecinos y aliados de Iraq.

De repente, fue más de lo que pude soportar, y me encontré a mí mismo llamando a la cadena de televisión. Grité: "Lo están interpretando todo mal. Israel ha hecho un favor al mundo. Le han quitado a un loco armas nucleares, ¡y lo único que saben hacer todos ustedes, enanos mentales, es arremeter contra ellos!".

Después de un minuto apagué el televisor y dejé de quejarme. Agarré un cuaderno y lo llevé a la sala para poder escribir sobre la mesa. Se estaba formando en mi mente un plan de acción: nuestra iglesia organizaría una noche en toda la ciudad para *honrar* a Israel, y no para regañar a la acosada nación. Durante una noche, Israel sería la estrella. Nosotros celebraríamos a Israel.

Mi pluma corría sobre la página mientras yo anotaba ideas:

1. Que nuestro coro cante cantos hebreos.
2. Llevar un equipo que grabe el evento y emitirlo en un programa de televisión nacional.

3. Contactar a todos los pastores en San Antonio; realizar un evento en toda la ciudad.

4. Reservar el cine Lila Cockrell Theater en el centro de la ciudad.

5. Invitar a asistir a rabinos y líderes locales en la comunidad judía.

Diana entró en la sala y me preguntó qué hacía.

—Vamos a realizar un evento en toda la ciudad para honrar a Israel—dije yo, y comencé a leerle los puntos de mi lista.

Cuando terminé de leer mi lista, Diana dijo:

—¿No crees que deberías contactar a algunas personas en la comunidad judía antes de comenzar a escribir a todos los pastores y de organizar todo? ¿Y si ellos no quieren participar? ¿Acaso conoces a algún rabino?

Ella podría igualmente haberme lanzado un jarro de agua helada. Yo había estado en racha con mis grandiosos planes; pero antes de que pudiera protestar, comprendí lo práctica que era su sugerencia. Así que puse el último punto de mi lista en primer lugar, y me propuse reclutar la participación de los líderes judíos en San Antonio en lo que decidí denominar: "Noche para honrar a Israel".

En mi ingenuidad, había pensado que ese sería el paso más fácil; ¿cómo podrían ellos *no* querer ser parte de un evento en el que la gente estaría aplaudiendo a la nación de Israel y en el que judíos y cristianos pudieran reunirse para reconocer las cosas que teníamos en común en lugar de las diferencias que nos separaban?

Sin embargo, resultó ser el paso más difícil.

Comencé visitando la oficina de la Federación Judía; sin tener cita. Entré sin previo aviso y comencé a hablar de mis planes de tener una noche para honrar a Israel.

La recepcionista me miró como si yo tuviera un grave sarpullido que señalaba alguna enfermedad terrible. Ella me hizo repetir la información, y luego comenzó a hacer preguntas.

—¿Quién va a realizar eso?—preguntó.

Yo le dije que la iglesia Cornerstone Church patrocinaría el evento.

—¿Y quién participará junto con usted?—. Ella tomaba notas mientras yo hablaba.

—Invitaré a todos los pastores de la ciudad.

Ella finalmente levantó la mirada y dijo:

—Bien, necesitaremos tener una reunión del comité con respecto a eso—. Luego pasó algunas páginas en su calendario y escribió mi nombre.—Se lo comunicaré a los rabinos y líderes locales.

Yo regresé a casa con una fecha y una hora para una reunión.

—Creo que ellos son como los bautistas—bromeé con Diana más adelante—; hacen todo mediante comités.

Me sentía seguro de que la reunión del comité sería solo una formalidad, así que comencé a trabajar con nuestro director de música y productor de televisión en algunas ideas para el evento. Pero pospuse escribir la carta de invitación a mis colegas pastores en San Antonio. Eso fue bueno.

Una reunión del comité condujo a una segunda, la cual condujo a una tercera, y finalmente, a una cuarta reunión, que se prolongó hasta altas horas de la noche. Los líderes de la comunidad judía sencillamente no sabían qué pensar de mí y de mi idea de una "noche para honrar a Israel". El debate era animado y, algunas veces, acalorado. Era algo nuevo para ellos: un pastor evangélico que quería realizar un evento para honrar a la comunidad judía y para recaudar dinero para una organización benéfica judía.

Finalmente, cuando parecía que la cuarta reunión del comité resultaría en otro punto muerto, el rabí Aryeh Scheinberg se puso en pie. Yo lo había conocido unos meses antes, en un servicio para varias confesiones realizado en la iglesia Trinity Baptist Church. Había sido solo una presentación informal y un apretón de manos, así que yo realmente no sabía nada sobre él aparte de que al menos estaba abierto a algún tipo de diálogo con los cristianos.

—Mire—dijo él—, como judíos sabemos cómo manejar a nuestros enemigos—e hizo un gesto con sus palmas hacia arriba—, ¿pero y si este hombre es un amigo?

Fue como encender una luz en un cuarto oscuro. Toda la atmósfera cambió. La gente comenzó a relajarse, y pronto hubo consenso.

—Muy bien, probémoslo.

Puedo decir ahora que sin la valentía de Aryeh Scheinberg, la primera Noche para honrar a Israel nunca se habría realizado. El rabí Scheinberg era, y es, uno de los rabinos más respetados en nuestra ciudad. Su disposición para reconocer que yo podría ser un amigo fue lo que se necesitaba para que la Federación judía pudiera asistir a un evento que yo estaba, en aquel momento, decidido a que se produjera.

Con la comunidad judía de acuerdo en participar, aunque con muchas preocupaciones y reservas, yo finalmente me senté y escribí mi invitación a los pastores en la zona de San Antonio. Aunque la comunidad judía no había sabido exactamente qué hacer conmigo, la comunidad cristiana no tenía ese problema. Ellos sabían exactamente lo que pensaban sobre el evento, y no era algo agradable. De las 150 invitaciones a pastores, recibí solamente una respuesta positiva: la del estimado pastor bautista Dr. Buchner Fanning. Él era el Billy Graham de San Antonio, una figura misericordiosa y muy querida que había sido anfitrión del servicio para varias confesiones en su iglesia, Trinity Baptist, donde yo había tenido un breve encuentro con el rabí Scheinberg.

Con el Dr. Fanning y el rabí Scheinberg reclutados para la causa, yo convoqué una conferencia de prensa para que toda la ciudad supiera del evento que se realizaría. La historia salió en los titulares. Una hora después de que el periódico saliera a las calles, recibí una amenaza de muerte; decía que recibiría un disparo antes de que el evento ni siquiera pudiera realizarse.

Yo tomé tales amenazas en serio, y por eso contratamos seguridad privada para el evento de Israel. Unos diez años antes, un hombre mentalmente desequilibrado había abierto fuego en nuestra iglesia una noche mientras yo predicaba. Él me disparó directamente a mí desde una distancia de ocho pies, vaciando su revólver. Afortunadamente, no fui alcanzado, y nuestros ujieres pudieron reducirlo. Pero tener a alguien que entre en mi iglesia con la intención de matarme había causado una firme impresión en mí.

El jueves, día 10 de septiembre de 1981 —tres meses después de que yo me hubiera hartado de los ataques de los medios de comunicación sobre Israel y hubiera decidido hacer algo al respecto—, estaba al lado del Dr. Fanning, el rabí Scheinberg y otros dos rabinos locales en el escenario del cine Lila Cockrell en el centro de San Antonio. Formábamos un equipo muy peculiar.

El rabí Scheinberg es aproximadamente de mi misma altura y complexión, pero las similitudes terminan ahí. Un judío ortodoxo, él tiene una larga barba y siempre viste un yarmulke. Como es normal, los *Tzitzit*—los largos flecos blancos en los cuatro extremos del *tallit katan*, o pequeño chal de oración— colgaban visiblemente por debajo de su americana. Como contraste, el Dr. Fanning es de constitución ligera, con su cabeza llena de ondulados cabellos y el porte de un hombre de estado jubilado.

Los 3,500 asientos del lugar estaban ocupados, y yo estaba emocionado por ver cuál era la asistencia de la comunidad judía. ¡Todas aquellas reuniones del comité finalmente habían dado resultado! Aun así, había mucha tensión en el aire, lo bastante para silenciar las conversaciones mientras las personas ocupaban sus asientos y el coro de 120 voces de Cornerstone y la orquesta de 40 componentes ocupaban sus posiciones sobre el escenario.

La tensión se disipó con los sonidos de la música hebrea, y la audiencia comenzó a aplaudir, cantar y pasarlo bien. Yo di un mensaje declarando por qué los cristianos deberían apoyar a Israel, y recogimos una ofrenda y recaudamos más de diez mil dólares para el hospital Hadassah allí mismo.

Cuando el rabí Scheinberg se puso en pie para dar la bendición, el director de Seguridad se puso a mi lado; me susurró al oído que el *San Antonio Light,* un periódico local, acababa de llamar al cine para alertarnos de una amenaza de bomba en el edificio. Según el periódico, se suponía que el cine Lila Cockrell Theater volaría por los aires exactamente a las 9:30 de la noche.

Yo miré mi reloj. Eran las 9:25.

Cuando el rabí oró una bendición, yo hice una oración en silencio. "Señor, no permitas que ore como Moisés ahora mismo.

Por favor, ¡que ore como un presbiteriano que llega tarde a comer!".

Cuando terminó la breve bendición, le pedimos a la gente que se dispersara con rapidez. No hubo ninguna bomba aquella noche, pero hubo una explosión, que se produjo en nuestros corazones. Acabábamos de ser parte de algo que estaba cerca del corazón de Dios Padre, aunque hubiera personas que odiaran lo que estábamos haciendo.

Lo que originalmente yo había pensado que sería "una sola noche" para honrar a Israel se convirtió en muchas noches así. Después de no mucho tiempo habíamos llevado Una Noche para honrar a Israel a varios lugares, realizando y filmando eventos similares en Dallas, Houston, Corpus Christi, Fort Worth y Fénix, Arizona. Llevamos a nuestro coro y orquesta a Israel para realizar un tour de la Noche para honrar a Israel. Durante los siguientes veinticinco años continuamos realizando esos eventos, emitiéndolos en la televisión nacional para que los Estados Unidos lo viesen.

Durante la Guerra del Golfo Pérsico en 1991, cuando Israel fue repetidamente atacada por misiles Scud iraquíes, algunos de los gobernantes que habían condenado con tanta vehemencia el ataque de Israel al reactor Osirak diez años antes admitieron, al menos en privado, que estaban agradecidos por el ataque preventivo que lo había destruido. Y después, el 11 de septiembre de 2001 —veinte años y un día después de nuestra primera Noche para honrar a Israel—, las vidas de los estadounidenses cambiaron para siempre. Por primera vez muchos estadounidenses comenzaron a comprender la amenaza de terror bajo la que la nación de Israel ha vivido a lo largo de su existencia.

En febrero de 2006, decidí que había llegado el momento de crear un movimiento popular nacional enfocado en apoyar a Israel. Llamé a los líderes evangélicos más sobresalientes de todo Estados Unidos a que se unieran a mí en el lanzamiento de esa nueva iniciativa. La recepción que recibí esta vez fue muy diferente a cuando envié 150 invitaciones a pastores locales y recibí solo una respuesta positiva. Todos los líderes estuvieron de acuerdo con entusiasmo en venir a San Antonio para formar un nuevo grupo. Yo establecí una regla básica estricta: los miembros tenían que estar de acuerdo en poner a un lado agendas tanto teológicas como políticas y centrarse en un solo asunto: el apoyo a Israel. Acordamos que todos los eventos que realizáramos serían no conversionistas.

Mi visión para este movimiento sigue siendo singular: demostrar apoyo cristiano al Estado de Israel y, al hacerlo, dejar clara la necesidad de ese apoyo a nuestros oficiales locales, estatales y nacionales.

Más de cuatrocientos líderes cristianos —cada uno de ellos con su propia mega-iglesia, ministerio televisivo o editorial— respondieron a mi llamada, y nació Cristianos Unidos por Israel (CUFI, por sus siglas en inglés). En unos pocos meses, CUFI emergió como una de las organizaciones cristianas de base más importante en Estados Unidos. En julio de 2006, solo cinco meses desde la ocasión en que comencé a acercarme a pastores y organizaciones paraeclesiales, reunimos a más de 3,600 constituyentes en Washington, DC para la primera cumbre de la CUFI. Hicimos una Noche para honrar a Israel nacional, y al día siguiente ayudamos a esos 3,600 participantes a reunirse con líderes del congreso de sus respectivos Estados.

Cada vez más evangélicos en los Estados Unidos están siendo conscientes de la enseñanza antisemita de la iglesia hacia el pueblo judío, y lo están denunciando. A medida que desarrollan un profundo amor por Israel y el pueblo judío, millones de esos cristianos quieren estar a su lado durante estos tiempos difíciles. Hasta hace poco, ese afecto cristiano por los judíos tenía poca influencia en Washington. Estamos viendo eso cambiar de modo rápido y dramático a medida que evangélicos y judíos se unen para enfocarse en el problema específico de Israel y las amenazas a la civilización judeocristiana por parte del islamismo radical.

Antes de que podamos entender plenamente la profundidad de la amenaza que plantea el islamismo radical para nuestro modo de vida, necesitamos poner este asunto geopolítico en su contexto histórico y teológico. ¿De dónde surgieron esos grupos terroristas jihadistas? ¿Por qué el Oriente Medio parece ser un perpetuo polvorín listo para explotar en violencia y empapar la tierra de sangre judía?

Echemos un vistazo al archivo. Comencemos con la pregunta: ¿quiénes son los judíos?

CAPÍTULO 5

LOS PUEBLOS DEL ORIENTE MEDIO

U no no puede entender los actuales problemas en el Oriente Medio fuera del contexto histórico de la región. Y uno no puede entender el conflicto árabe-israelí sin tener una clara perspectiva del pueblo que constituye estos dos grupos. Comenzamos con la pregunta: ¿Quién es un judío?

Es una pregunta importante porque el moderno estado de Israel ofrece el derecho a regresar a cualquier persona judía del mundo. ¿Qué es exactamente lo que hace judía a una persona? ¿Es una genealogía que se remonte hasta Abraham o una devota adherencia a la Torá?

Los actuales judíos ortodoxos reconocen varios criterios como suficientes para calificar a una persona como judía. Una persona necesita solamente cumplir con uno de los siguientes criterios para ser considerada judía. Examinemos cada uno de ellos brevemente:

- **Madre judía.** Esta perspectiva reconoce la identidad judía que pasa de madre a hijo. La sangre, no la fe, es la consideración clave.

- **Creencia en Dios y en la Torá.** Esta perspectiva concede la identidad judía a quienes tengan fe en Jehová Dios tal como se relata en la Torá. Esta perspectiva permite la conversión de los gentiles al judaísmo.

- **Tradición cultural.** Esta perspectiva reconoce a quienes practican las costumbres judías y mantienen las tradiciones judías. Esta es la perspectiva predominante entre los judíos estadounidenses, la mayoría de los cuales serían clasificados como reformados.

- **Elección/convicción personal.** Esta perspectiva reconoce la identidad judía en cualquiera que pase por la conversión al judaísmo porque personalmente haya escogido hacerlo.

- **Etnia.** Esta perspectiva considera que el elemento primario de la identidad judía es la ascendencia de padre y madre. La tierra natal y la fe y la práctica religiosas también se toman en consideración pero no son requeridas.

Con tantas perspectivas diferentes sobre la definición de ser judío, no es extraño que la confusión y la controversia hayan rodeado al tema durante siglos. Además, ninguna controversia ha sido tan acalorada o duradera como esta. Por eso, como cristianos, debemos apoyarnos en las palabras de la Biblia como nuestra plomada para definir la identidad del pueblo judío. El apóstol Pablo se refiere a la posición de Dios respecto a los judíos e Israel en los capítulos 9 al 11 del libro de Romanos. Cuando Pablo comienza su carta a la iglesia en Roma, escribe:

Porque no todos los que descienden de Israel son israelitas.

—ROMANOS 9:6

En la enseñanza del apóstol Pablo, Israel es cuestión de elección en lugar de nacimiento (Romanos 9:6-13). No todos aquellos llamados "hijos de Abraham" (descendientes naturales) son en realidad su "semilla", como se demuestra en Génesis 21:12, que dice: "porque en Isaac te será llamada descendencia".

Recordemos que Abraham tuvo dos hijos. Su primer hijo fue llamado Ismael, nacido de la sierva egipcia, Agar (ver Génesis 16). Pero Ismael, dice Pablo, aunque fue un descendiente físico de Abraham, no fue de la "semilla" que produjo a Isaac: el hijo espiritual.

Ismael fue engendrado cuando Abraham fue capaz de tener hijos en sus propias fuerzas sexuales. Isaac nació mediante un acto sobrenatural de Dios, ya que Abraham y Sara ya habían sobrepasado con mucho la edad de tener hijos.

En Romanos 9:8, Pablo cambia de "hijos de la carne" (Abraham) a "hijos de Dios". El cambio es sutil, pero muy significativo. Si la semilla espiritual de Abraham viene mediante la promesa y el poder de Dios, el pueblo judío no es simplemente semilla de Abraham, sino muy literalmente *hijos de Dios*.

Esto nos conduce a lo que se conoce como doctrina de la elección divina, la cual es, sin duda, el concepto más controvertido en la Escritura. Es mucho más complejo del espacio que tengo aquí para abordarlo.[1]

El codicilo divino

Regresemos al misterio de Israel tal como lo explica Pablo en Romanos 9—11. A fin de entender esta sección de la Escritura, es importante que primero entendamos que esos tres capítulos no tienen relación con el texto anterior o posterior en el libro de Romanos. Esos tres capítulos son un *codicilo*, una obra completa en sí mismos. Están separados, y son completamente únicos en su tema, el cual representa la postura de Dios después del Calvario respecto al pueblo judío. Este codicilo fue escrito por Pablo a los cristianos en Roma para explicar la posición de Dios respecto al pueblo judío y su plan, mediante el cual "todo Israel será salvo" (Romanos 11:26).

Algunos pastores enseñan que Romanos 9—11 se refiere a la Iglesia, que la Iglesia se ha convertido en un "Israel espiritual" y ha sustituido al pueblo judío. Esta es una teología antisemita que se niega a creer que Dios siga teniendo un lugar en su corazón para Israel y el pueblo judío. El profeta Zacarías claramente se refiere al pueblo judío como "la niña" (o pupila) de los ojos de Dios.

Otros maestros de la Biblia o predicadores simplemente evitan Romanos 9—11 debido a la incómoda dirección en la cual nos sitúan estos complejos versículos. Pero *ignorar* la Escritura no es lo mismo que *interpretar* la Escritura.

Después de muchos años de estudio, yo escojo interpretar Romanos 9, 10 y 11 como un documento teológico en solitario. He considerado este tema en detalle en otros escritos, pero me gustaría enumerar brevemente ocho evidencias escriturales para apoyar mi punto de vista.

Ocho evidencias bíblicas del Israel nacional

La evidencia para decir que Pablo está bosquejando la postura de Dios sobre el Israel nacional y no el Israel espiritual (la Iglesia) es apoyada por sus ocho declaraciones introductorias que *solamente* podrían aplicarse al pueblo judío como *nación*.

> Que son israelitas, de los cuales son la adopción, la gloria, el pacto, la promulgación de la ley, el culto y las promesas; de quienes son los patriarcas, y de los cuales, según la carne, vino Cristo...
>
> —ROMANOS 9:4–5

1. Los hijos de Dios

Israel es siempre representado en la Escritura como los hijos de Dios entre todos los pueblos (Deuteronomio 14:1; Oseas 11:1). Cuando Pablo habla sobre "la adopción" en Romanos 9:4, se está refiriendo a la relación de Dios con su primogénito (Éxodo 4:22), la nación de Israel, no la Iglesia. Dicho de modo sencillo, no hay manera en que la integridad de Dios le permitiera desheredar a su primogénito, el Israel nacional, por el Israel espiritual (la Iglesia).

2. La presencia de Dios

En Romanos 9:4, la gloria de la que Pablo habla es la gloria *Shekinah*, o la presencia de Dios (Ezequiel 1:28). Esta gloria era visible como la nube luminosa que guiaba a Israel al salir de la esclavitud egipcia (Éxodo 24:16) y la presencia que no se podía mencionar y que reposaba sobre el propiciatorio en el lugar santísimo (Hebreos 9:5). Es la manifestación visible de la presencia de Dios con su pueblo escogido.

3. Los pactos con Dios

Dios le dio al pueblo judío la tierra de Israel mediante pacto divino (ver Génesis 15:17; 17:7-8). Ese pacto es un pacto de sangre; es eterno e inquebrantable. No puede ser enmendado por las Naciones Unidas o por el Departamento de Estado de los Estados Unidos. Cualquier nación que obligue a Israel a "dividir la tierra" caerá bajo el rápido y certero juicio de Dios (Joel 3:2).

Los pactos que Dios hace con su pueblo son eternos, sin fin. Esos pactos no están basados en la fidelidad del hombre con Dios; están basados en la fidelidad de Dios con el hombre. Quienes enseñan que Dios ha roto el pacto con el pueblo judío enseñan una falsa doctrina basada en la ignorancia escritural y una actitud narcisista. Si Dios rompió el pacto con el pueblo judío, ¿qué justificación escritural tienen los cristianos de que Él no romperá el pacto con nosotros? El Dios de la Biblia no rompe pactos.

4. La ley de Dios

La nación de Israel recibió la Torá, o la ley escrita de Dios, la cual le fue dada a Moisés en el monte Sinaí. La Torá le fue dada al pueblo judío miles de años antes de que los gentiles supieran que existía (Romanos 3:1-2).

Los cristianos interpretan el rechazo de Pablo de la ley por su impotencia como un rechazo de su contenido; sin embargo, Jesús dijo: "No penséis que he venido para abrogar la ley o los profetas; no he venido para abrogar, sino para cumplir" (Mateo 5:17).

5. El servicio de Dios

El servicio de Dios se refiere al elaborado conjunto de regulaciones para la construcción del templo al igual que al exacto sistema sacrificial que limpiaría a Israel de pecado. Durante mil quinientos años, los judíos —el Israel nacional— fueron el único pueblo que poseía esta única manera de adoración pensada y ordenada por Dios mismo. Le fue dada a Moisés en la cumbre del monte Sinaí, donde recibió los Diez Mandamientos y toda la Torá.

6. Las promesas de Dios

El Antiguo Testamento está lleno de muchas clases de promesas, pero las promesas que Pablo menciona en Romanos 9:4 se refieren a las promesas mesiánicas, dadas al Israel nacional (no al Israel espiritual), de que un "Libertador saldría de Sión" (Romanos 11:26). A pesar de lo mucho que las naciones se regocijen en las riquezas que han encontrado en Jesucristo, nunca deben olvidar que éstas en primer lugar fueron prometidas a Israel, y que han venido mediante el Israel nacional, no la Iglesia.

7. Los patriarcas de Dios

Los patriarcas son: Abraham, Isaac y Jacob, fundadores de la nación de Israel. En Romanos 11:27-28 Pablo hace esta sorprendente declaración: "Y este será mi pacto con ellos [el pueblo judío], cuando yo quite sus pecados... Ellos [el pueblo judío] son amados por causa de los padres". En este versículo, "los padres" se refiere a los patriarcas. El pueblo judío es *permanente amado por Dios* debido a que Él hizo promesas a Abraham, Isaac y Jacob con respecto al futuro de Israel y del pueblo judío.

8. El Hijo de Dios

El pueblo judío es la fuente de Jesucristo. Jesús de Nazaret nació de una madre judía. Él fue un judío entre judíos. Cuando

Jesús hablaba en la sinagoga, solamente quienes hablaban hebreo (los judíos) podían escuchar. Cuando Él envió apóstoles, solamente fueron escogidos judíos. Cuando Roma le crucificó en el Gólgota y Él entregó su alma, colgaba por encima de su cabeza una señal que decía: "Este es el rey de los judíos".

Estas ocho evidencias que registra el apóstol Pablo verifican, por encima de toda duda razonable, que el mensaje de Romanos 9-11 es la postura de Dios con respecto al Israel nacional y está destinada exclusivamente para el pueblo judío.

Hoy día, hay de trece a catorce millones de judíos en todo el mundo. Aproximadamente, la mitad de ellos residen en América del Norte y del Sur, mientras que el 37 por ciento reside en Israel.[2] Tel Aviv es el hogar de 2.5 millones de judíos, convirtiéndola en la ciudad con la mayor población judía en el mundo. Es seguida por la ciudad de Nueva York (1.9 millones), Haifa (655,000), Los Ángeles (621,000) y Jerusalén (570,000).[3]

El pueblo judío está normalmente dividido en dos grupos: judíos ashkenazitas y sefarditas. *Ashkenaz* es la palabra hebrea para Alemania, y *Sefarad* es la palabra hebrea para España. Los judíos cuyas familias provienen de Europa y hablan yiddish son considerados ashkenazim, y aquellos cuyas familias provienen de España o del mundo árabe son llamados sefardim.

Otros pueblos en el Oriente Medio

Ahora que hemos aprendido más sobre quién es el pueblo judío, veamos los otros pueblos del Oriente Medio.

Los árabes

La palabra *árabe* puede utilizarse históricamente para referirse al pueblo que se originó en la península arábiga o étnicamente a todos los diversos pueblos que hablan el idioma árabe. Normalmente se refiere a los nativos de los siguientes países: Argelia, Bahrain, Iraq, Jordania, Kuwait, Líbano, Libia, Marruecos, Omán, Qatar, Arabia Saudita, Sudán, Siria, Túnez, los Emiratos Árabes Unidos y Yemen. Los palestinos, aunque no de un país independiente, están también incluidos en este grupo étnico.

La abrumadora mayoría de árabes son musulmanes, siendo gran parte de ellos musulmanes suníes. Los restantes miembros de la población en esos países son cristianos y judíos, comúnmente considerados por otros árabes como infieles. En muchos lugares esas minorías tienen solamente dos elecciones: convertirse o ser muertos.

Hay árabes que viven en Israel, la Franja Oriental y también en la Franja de Gaza.

Los bereberes

Los bereberes son un pueblo indígena del Norte de África. La mayoría de árabes del Norte de África tienen ancestros bereberes. La palabra *bereber* no existe en su idioma; ellos se identifican a sí mismos utilizando la palabra *imazighen* en su idioma materno.

Hay unos 72 millones de bereberes viviendo en Argelia, Libia y Marruecos. La mayoría de bereberes son musulmanes suníes (99 por ciento). Antes de la introducción del islam, la mayoría de bereberes eran cristianos. El judaísmo también estaba presente en algunas regiones.[4]

Los kurdos

Los kurdos son un grupo étnico de origen desconocido que se considera a sí mismo indígena de la región del Kurdistán, la cual abarca partes adyacentes de Irán, Iraq, Siria y Turquía. Están muy relacionados con los iraníes y hablan kurdo, un idioma indoeuropeo.

La mayoría de kurdos son musulmanes suníes, pero se ha dicho que los kurdos "se toman el islam a la ligera", queriendo decir que no son tan apasionados por su fe como pueden serlo otros musulmanes.

El libro de la CIA *World Factbook* informa de que apenas un 54 por ciento de los kurdos del mundo viven en Turquía, un 19 por ciento en Irán, un 21 por ciento en Iraq, y un poco más del 6 por ciento en Siria. En todos esos países, los kurdos forman el segundo mayor grupo. Esos cálculos sitúan el número total de kurdos en algún lugar entre 25 y 36 millones.[5]

Los palestinos

Hay aproximadamente 9.6 millones de personas que se identifican a sí mismas como palestinos en todo el mundo.[6] En Israel, la mayoría de ellos viven en la Franja de Gaza y en la zona a la que los medios de comunicación se refieren como la Franja Occidental. La abrumadora mayoría de palestinos son musulmanes suníes; sin embargo, hay algunos judíos y cristianos palestinos.

Quiero aclarar algunas ideas erróneas sobre quiénes son los palestinos y su demanda de la tierra de Israel. La tierra de Israel nunca ha pertenecido a los palestinos. ¡Nunca! Fue nombrada Palaestina por el emperador romano Adriano en el año 130 d.C., pero nunca ha habido una tierra llamada Palestina. No hay idioma palestino. Antes de 1948, el pueblo ahora llamado palestino vivía en Egipto; vivía en Siria; vivía en Iraq. Se trasladaron a la tierra de Israel cuando fueron desplazados por la guerra de 1948, que comenzaron los países árabes, pero Israel no está ocupando el territorio que esas personas ahora denominan hogar. Referirse a Israel como "territorio ocupado" es propaganda. Israel abandonó la Franja de Gaza en un esfuerzo por lograr la paz, pero salió mal. Gaza es ahora la base de un estado terrorista encabezado por la organización terrorista Hamás, que ha jurado la destrucción de Israel.

Los pastunes

Los pastunes son una etnia afgana que constituye el mayor grupo en Afganistán y el segundo mayor grupo en Pakistán. Hablan el idioma pasto y se adhieren al *Pashtunwali* (un código de honor religioso) y al islam. Hay aproximadamente 13 millones de pastunes viviendo en Afganistán y 25 millones en Pakistán. Un poco más del 80 por ciento de los refugiados que viven en Pakistán son pastunes de la vecina Afganistán.[7]

Los talibanes (que significa "estudiantes" o "buscadores de conocimiento") son un movimiento musulmán suní que gobernó la mayoría de Afganistán desde 1996 hasta 2001; actualmente luchan contra fuerzas extranjeras dentro de Afganistán. La mayoría de los talibanes son pastunes.[8]

Los persas

Los persas son el principal grupo étnico de Irán, con aproximadamente 35 millones de persas que constituyen el 51 por ciento de la población. También habitan países vecinos como

Afganistán, Rajikistán y Uzbekistán. La mayoría de iraníes son musulmanes chiíes (89 por ciento). Algunos son musulmanes suníes (9 por ciento). Zoroastras, cristianos, judíos, ateos y agnósticos se combinan en el restante 2 por ciento.[9]

Irán fue conocido como Persia hasta 1935 y se convirtió en una república islámica cuando el Sha fue destronado y enviado al exilio en 1979.

Los turcos

Históricamente, la palabra *turco* se utilizaba para referirse a todos los musulmanes que habitaban el imperio otomano sin considerar su etnia. Hoy día, la palabra se utiliza primordialmente para referirse a los habitantes de Turquía. La Turquía actual tiene una población de 70 millones y está constituida por dos principales grupos étnicos: turcos (80 por ciento) y kurdos (20 por ciento). La inmensa mayoría de turcos son musulmanes suníes (99.8 por ciento).[10]

A medida que identificamos los varios pueblos que hay en el Oriente Medio, probablemente se aclare para usted que el islam es la religión dominante. ¿Pero cómo difiere el islam del judaísmo y el cristianismo? Examinemos la evidencia.

CAPÍTULO 6

LAS RELIGIONES DEL ORIENTE MEDIO

Con frecuencia se habla del judaísmo, el cristianismo y el islam como las mayores religiones monoteístas; es decir, que todas ellas enseñan que hay solamente un Dios. Además, todas ellas tuvieron sus orígenes en la zona que hoy día denominamos Oriente Medio.

Una cuarta religión monoteísta, el *zoroastranismo*, proviene de la antigua Persia, que es la moderna Irán. Esta fe está basada en las enseñanzas del profeta Zoroastro, que proclamó que Ahura Mazda es el único Dios trascendente, creador del universo. Otro nombre antiguo para esta fe es mazdaísmo. Aunque en una época era dominante, esta religión ha disminuido en importancia en el Oriente Medio, y el número de quienes actualmente se adhieren a ella ha descendido a unos cuantos miles. La mayoría de las personas en Irán hoy día son musulmanas.

Debido a que Estados Unidos es, a pesar de cómo la presentan los secularistas, un país judeocristiano, los principios básicos de esas creencias son lo suficientemente familiares para que no los detalle aquí. Para nuestros propósitos es importante recordar, como dije anteriormente, que tanto judíos como cristianos adoran al mismo Dios: el Dios de Abraham, Isaac y Jacob. Esas son las raíces históricas de ambas creencias. El cristianismo es dependiente del judaísmo para su existencia misma, pero lo contrario no es cierto.

Eso nos conduce al islam, cuyos seguidores se denominan musulmanes. Ellos también creen en un ser supremo, que se llama Alá. ¿Pero es Alá la misma autoridad divina adorada por judíos y cristianos? Sencillamente, no.

Alá

El nombre *Alá* proviene de un término árabe que expresa el concepto de un dios supremo, al-Ilah (la deidad). Antes de Mahoma, los árabes adoraban a muchos dioses y diosas, y los orígenes del islam se derivan de la adoración al dios de la luna Meca en la Arabia pre-islámica. Según George Braswell: "el islam contemporáneo también se centra en la luna, indicado por un creciente sobre la mezquita, un calendario lunar, y con festivales como el Ramadán, que está regulado por la salida de la luna".[1]

El Alá que se describe en el Corán, los escritos sagrados de los musulmanes, no es el mismo que el Dios de Abraham, Isaac y Jacob revelado en la Biblia. No sea engañado por quienes tratarían de convencerle de otra cosa. El dios del islam es totalmente diferente al Dios de la Biblia. Para comenzar, Alá es inaccesible, e inconocible, mientras que la Biblia nos dice que Dios desea conocernos y tener una relación continua con nosotros. El Corán enseña que Alá trabaja con Satanás y demonios para desviar a las personas a fin de poblar el infierno que él creó (Surah 6:39, 126; 32:13; 43:36-37). Como contraste, nuestro Padre Dios ama tanto a la gente del mundo "que dio a su Hijo unigénito, para que todo aquel que en él crea no se pierda, sino que tenga vida eterna" (Juan 3:16).[2]

¿Es Alá el mismo que Jehová, el Dios de Abraham, Isaac y Jacob?[3]	
Los musulmanes creen…	**Cristianos y judíos creen…**
Alá reveló su voluntad.	Jehová se reveló a sí mismo.
Alá está lejos de su creación; se relaciona con ella mediante su voluntad y su ley.	Jehová creó seres humanos para tener comunión; se relaciona con ellos personalmente y experiencialmente.
Doctrina de la singularidad: Dios ni es plural ni trino.	Los cristianos tienen la doctrina del Dios trino: Padre, Hijo y Espíritu Santo.
Alá es impersonal.	Dios es amor.
El Corán enseña que Alá no puede ser llamado Padre; él no tiene hijo, ni hija, ni parientes.	La Biblia enseña que Jehová es nuestro Padre celestial; los creyentes son llamados sus hijos e hijas.
Alá hizo un pacto con Abraham para darles la Tierra Prometida a los descendientes de Ismael.	Jehová hizo un pacto con Abraham para darles la Tierra Prometida a los descendientes de Isaac.
Jesús fue creado del polvo, como Adán.	Los cristianos creen que Jesús fue concebido por el Espíritu Santo y nació de una virgen.
Jesús no murió en la cruz.	Los cristianos enseñan que Jesús murió en una cruz para la remisión de nuestros pecados.
Los musulmanes creen en un mesías llamado el Mahdi.	Los cristianos creen que Jesús es el Mesías; los judíos creen que el Mesías aún debe ser revelado.

¿Es Alá el mismo que Jehová, el Dios de Abraham, Isaac y Jacob?[3]	
Los musulmanes creen que el mesías será un descendiente de Mahoma.	Cristianos y judíos creen que el Mesías será un descendiente del rey David.
Los musulmanes dicen que el mesías conquistará Israel.	La mayoría de cristianos y judíos creen que el Mesías rescatará a Israel.

El profeta Mahoma

Mahoma, el fundador de la religión del islam, es considerado por los musulmanes "el último profeta de Dios". Mahoma nació en La Meca, Arabia, en el 570 d.C. Su padre murió antes de que él naciera, y su madre murió cuando él tenía seis años de edad. Fue criado por su abuelo paterno, trabajó como comerciante, y se casó con la acaudalada propietaria de una caravana llamada Khadija a los veintiséis años de edad. Khadija tenía cuarenta años y se había divorciado cuatro veces cuando le propuso matrimonio a Mahoma, pero eso no evitó que los dos se casaran y tuvieran seis hijos.

La primera "revelación" que Alá le dio a Mahoma se produjo en una cueva de una montaña fuera de La Meca cuando él tenía cuarenta años. Unos años después, comenzó a predicar sobre sus revelaciones, proclamando que él era un profeta y un mensajero de Dios en el mismo nivel que Noé, Abraham, Moisés y Jesús, y que ese "rendimiento" (*islam*) a Alá es la religión del hombre. Las revelaciones que recibió Mahoma de Alá a lo largo de su vida forman los versículos del Corán, que los musulmanes consideran una palabra divina de Dios.

Sus primeros convertidos al islam fueron su esposa, Khadija, y su primo de diez años de edad; Mahoma tuvo pocos seguidores en un principio. Para escapar a la persecución, finalmente emigró a Medina con su solitario grupo de seguidores. Luego puedo unir a dos tribus guerreras y convertirlas al islam. Pasó los siguientes ocho años de su vida batallando con las tribus en La Meca. Mientras tanto, envió a doce seguidores clave para difundir el mensaje del islam en su nombre, y cuando conquistó la Meca, sus seguidores habían aumentado hasta diez mil personas. Cuando murió, en el año 632 d.C., la mayoría de Arabia se había convertido al islam.

Mahoma mató brutalmente a miles de personas al establecer y difundir el islam. Les dijo a sus seguidores: "Maten a quien no renuncie a su fe... Alá me ha ordenado luchar contra las personas hasta que testifiquen que no hay dios sino Alá, y Mahoma es su mensajero".[4]

Después de esta cita de Mahoma, puede que se pregunte: ¿Qué creen realmente los musulmanes actuales? Para responder a esa pregunta, antes permita que le dé una breve descripción de las dos principales ramas del islam —suníes y chiíes—, divididas según quiénes creen que son los sucesores legítimos de Mahoma.

Islam suní

Los musulmanes suníes abarcan aproximadamente el 90 por ciento del mundo islámico. Quienes se adhieren a la rama suní del islam creen que todos los sucesores de Mahoma —los cuatro primeros califas y sus herederos, que gobernaron el mundo musulmán hasta el final de la Primera Guerra Mundial—son los líderes legítimos de los musulmanes. Creen que Mahoma deliberadamente no quiso nombrar un sucesor antes de morir a fin de que sus enseñanzas en el Corán pudieran ser la única guía para todos los musulmanes. Los califas y otros líderes religiosos son nombrados por un consenso entre el pueblo y no tienen autoridad espiritual. Por tanto, en la rama suní del islam, un imán (palabra árabe que significa "líder") es simplemente un líder religioso o maestro del islam.

Islam chií

Los seguidores del islam chií —llamados chiítas— constituyen solo un 10 por ciento de la población musulmana. Los chiíes se concentran en Irán, Iraq y Líbano. Los seguidores de la rama chií del islam creen que solamente los descendientes del cuarto califa, Alí, son los sucesores legítimos de Mahoma porque continúan su línea de sangre. Los otros tres califas y sus descendientes tienen significado como figuras históricas para los chiítas, pero no son considerados fuentes de guía divina.

Según la doctrina chií, un imán es un perfecto ejemplo para la humanidad, nombrado por Alá como un guía espiritual. Como tal, su ejemplo *debe* seguirse en todo.

Wahhabismo

Hay muchas escuelas, órdenes, sectas y movimientos dentro de esas dos ramas del islam. Un movimiento dentro de la rama suní del islam que creo que vale la pena mencionar aquí es el wahhabismo. El wahhabismo es de especial interés debido a su creciente influencia en los Estados Unidos, al igual que en Oriente Medio. Es la forma dominante de religión en Arabia Saudita, Kuwait y Qatar, y es aún más fundamentalista en su perspectiva que la fe chií.

El wahhabismo podría haberse disipado como influencia sobre el islam si no hubiera sido por el descubrimiento de petróleo en Arabia Saudita en los años treinta. La vasta afluencia de beneficios del petróleo que ha entrado en Oriente Medio desde aquella época ha conducido a la difusión de esta forma más conservadora —algunos dirían que más violenta— de islam. De hecho, los acaudalados árabes y hasta el gobierno saudita han gastado miles de millones de petro-dólares exportando su rama del islam alrededor del mundo, incluyendo escuelas y organizaciones en los Estados Unidos. Ellos predican una versión rígida e intolerante del islam que engendra radicalismo. Los púlpitos de esas mezquitas están llenos de predicadores wahhabi que vomitan violencia contra Norteamérica y todos los infieles (cristianos y judíos).

¿Una religión pacífica?

Después de examinar lo que sabemos sobre la vida de Mahoma, puede ver que se puede dividir en dos partes: los años tolerantes en La Meca y los años agresivos en Medina. El Corán refleja esas dos partes, y por eso a veces alguien destacará una enseñanza en el Corán que parece indicar que el islam enseña a sus seguidores a vivir en paz con sus enemigos. Al principio, esa fue la estrategia que Mahoma defendió cuando predicaba sus revelaciones de Alá. Pero a medida que pasaba el tiempo y él veía que los intentos de ganarse a los judíos mediante la coexistencia pacífica no tenían éxito, ideó una nueva estrategia, que declaraba la *jihad* (guerra santa) y la conversión al islam mediante la espada.

Eso nos conduce a cuestionar si quienes actualmente siguen las enseñanzas de Mahoma, el fundador del islam, son pacíficos o violentos. Muchos estadounidenses ya han comenzado a olvidar las secuelas de la tragedia del 11 de septiembre. En ese infame día en 2001, cuando nos tambaleábamos en asombrada tristeza, tratando de comprender los horrores que se produjeron en la ciudad de Nueva York, Washington, DC y Pennsylvania, ¡personas en otras partes del mundo bailaban de alegría!

¿Quién produjo tal cosa? Los terroristas implicados en el 11 de septiembre eran todos islamistas radicales que practicaban las enseñanzas del Corán. El islam no solo *tolera* la violencia; la *ordena*. El árbol se conoce por sus frutos, y el fruto producido por el islam es mil cuatrocientos años de violencia y derramamiento de sangre alrededor del mundo.

¿Qué se les enseña a los musulmanes a hacerles a las personas que se resistan al islam? El Corán dice:

> Lucha con los paganos y mátalos dondequiera que los encuentres, y agárralos, asédialos, y permanece a la espera de ellos en toda estratagema (de guerra).
>
> —SURAH 9:5

> El castigo de quienes hagan guerra contra Alá y su Mensajero, y luchen con fuerza y por daño en la tierra es: ejecución, o crucifixión, o el corte de manos y pies de extremos opuestos, o exilio de la tierra: esa es su desgracia en este mundo, y un severo castigo en el Más Allá.
>
> —SURAH 5:33

Mientras que la mayoría de los musulmanes del mundo tratan de vivir en paz con sus vecinos, el número de radicales que predican la violencia y el terror —basados en la enseñanza del Corán como señalamos anteriormente— está creciendo vertiginosamente en todo el mundo. No podemos ser ignorantes de este hecho o de la Historia reciente que lo presagió.

El año 1979 fue un momento decisivo para la radicalización del Oriente Medio y, como veremos en el capítulo siguiente, estamos cosechando el torbellino de eventos que se desarrollaron en los años posteriores.

CAPÍTULO 7

REVOLUCIÓN E ISLAMISMO RADICAL

Aunque sus raíces históricas son más profundas, la mayoría de las organizaciones terroristas islámicas mejor conocidas actualmente obtuvieron prominencia a finales de los años setenta y principios de los ochenta. Uno de los eventos clave que desencadenó este creciente movimiento hacia la violencia fue la invasión en 1979 de Afganistán por parte de la anterior Unión Soviética.

El intento de subyugar a la nación afgana galvanizó las creencias de radicales como Osama bin Laden, un acaudalado árabe saudí, que comenzó a predicar que debía haber una guerra santa contra los infieles: todos aquellos que no creen en el islam. Él apoyó a la resistencia afgana, o *mujahidines*, quienes finalmente se convertirían en una plena jihad, o guerra santa. Irónicamente, los Estados Unidos también apoyaron a la resistencia, trabajando con Arabia Saudita y Pakistán para establecer escuelas islámicas en Pakistán para refugiados afganos. Esas escuelas más adelante se convertirían en centros de entrenamientos para radicales islámicos dirigidos a la destrucción de los Estados Unidos e Israel. Los estadounidenses estaban inconscientemente jugando el papel de partera mientras Al Qaeda estaba por nacer.

Durante ese mismo año, el sha de Irán, que había sido puesto en el poder con la ayuda de los Estados Unidos, fue obligado a huir del país debido a un creciente descontento. Su partida allanó el camino para que el difunto Ayatolá Jomeini, que había estado viviendo en exilio en Europa, regresara a Irán y llevase con él la revolución islámica. Los seguidores del ayatolá establecieron una república islámica en Irán, buscando reproducir el califato islámico, formalmente abolido en 1924, en el cual habría una comunidad mundial islámica que aplicaría las leyes religiosas del islam (sharía) y la tradición del profeta Mahoma. Al así hacerlo, Jomeini se propuso emprender una guerra a muerte contra los infieles contemporáneos: "el gran Satán", los Estados Unidos, y "el pequeño Satán": Israel.

A finales de 1979, el nuevo régimen iraní atacó la embajada de Estados Unidos en Irán e hizo rehenes a noventa estadounidenses. Sorprendentemente, los Estados Unidos, en un acto de desesperación, recurrieron al ejército para la liberación de Palestina (ELP), una organización terrorista que había jurado destruir a Israel, para pedir ayuda. Los iraníes finalmente claudicaron y liberaron a los ciudadanos estadounidenses de la cautividad, pero solo después de una larga y terrible experiencia durante la administración Carter que dañó profundamente la moral estadounidense. El día en enero de 1981 en que Ronald Reagan hacía su juramento como presidente, Irán liberó a todos los rehenes estadounidenses, creyendo que Reagan emprendería las acciones necesarias y decisivas para responder a Irán con la fuerza militar. El intento de tratar con terroristas hizo mucho para debilitar a nuestro país en aquella época. También fue muy dañino para Israel que los Estados Unidos trataran de trabajar en colaboración con una organización terrorista comprometida a la destrucción de Israel.

Desde aquel importante año en la Historia, las diversas ramas del ELP, Osama bin Laden y la organización Al Qaeda, la república islámica de Irán, y multitud de otros grupos radicales islamistas han seguido extendiendo el terrorismo por todo el Oriente Medio y el mundo. El hilo común en su odio por los judíos y, principalmente debido a la relación de los Estados Unidos con Israel, un odio por este país. Su compromiso a la muerte de todos los incrédulos está bien documentado. Sus actos están claramente basados en el odio y el mal, y su intención es destruir a Israel y destruir Estados Unidos.

En 1989, los soviéticos finalmente se retiraron de Afganistán, incapaces de conquistar a los rebeldes. Los talibanes, un brazo de los esfuerzos jihadistas de bin Laden, consolidaron su control del país. Los talibanes dieron santuario a bin Laden cuando Arabia Saudita lo exilió por sus actividades antigobierno en relación con tropas de los Estados Unidos, que temporalmente estaban allí durante la guerra Iraq-Kuwait. Él estaba muy furioso porque a los "infieles" se les permitiera tener presencia en el lugar de nacimiento del islam. Apoyándose en esfuerzos organizacionales que había comenzado en Afganistán, bin Laden formó Al Qaeda, que ha llegado a identificarse como una de las organizaciones terroristas más peligrosas, y que se apropia el mérito por cierto número de ataques a los Estados Unidos y a sus ciudadanos en todo el mundo, incluyendo el ataque del 11 de septiembre al World Trade Center en Nueva York y el Pentágono en el año 2001.

Mientras tanto, en Irán, la revolución continuó con plena fuerza. Las leyes religiosas chiítas y las enseñanzas de su nuevo líder, Jomeini, definieron a los judíos como infieles y, por tanto, "impuras abominaciones y los eternos enemigos del islam". La continuada existencia de Israel como un estado solamente se añadió a su deseo de golpear a los Estados Unidos e Israel. Su odio hacia los judíos, quienes fueron identificados como aliados del corrupto sha y como un aliado de los Estados Unidos, es, y continúa siendo, el tema central unificador de su gobierno. Su falsa creencia en que los palestinos fueron agraviados y expulsados ilegítimamente de su propia tierra ha sido uno de los fundamentos sobre el cual está basada la legitimidad del régimen islámico. Su objetivo final es la destrucción del Estado de Israel, prueba de que no hay un verdadero deseo de un proceso de paz en el Oriente Medio por parte de Irán.

Hoy día está firmemente grabado en las mentes del nuevo liderazgo iraní y de su presidente, Mahmoud Ahmadinejad, que los judíos no están satisfechos solo con tener su propia nación, sino que esencialmente están planeando apoderarse de todo el mundo. Su creencia es que, de modo abierto u oculto, los judíos son responsables de toda situación negativa que existe en el mundo y que están detrás de todo evento o crisis internacional, incluyendo el Holocausto perpetrado por la Alemania nazi.

Si esto le resulta familiar, lo es. No es distinto a las enseñanzas de la Iglesia cristiana antes del Holocausto.

En Irán y entre muchos grupos musulmanes radicales, ellos a menudo ni siquiera reconocen el Holocausto como algo que sucedió. Y si esto está basado en algún tipo de verdad, argumentan ellos, fue o bien una trama de los líderes judíos para obtener la solidaridad del mundo, o ha sido extremadamente exagerado a fin de que pudiera formarse el Estado de Israel a expensas de los palestinos.

Los grupos fundamentalistas, tanto dentro como fuera de Irán, creen que el control judío de los medios de comunicación, Hollywood, y la mayoría de los nuevos aparatos es una trama de los judíos "para controlar el mensaje". Como leímos anteriormente, cuando la Iglesia cristiana primitiva necesitaba una razón para perseguir a los judíos, censuraron casi cualquier cosa que se sentían obligados a utilizar contra los judíos.

Los puntos de vista de esos terroristas radicales están por encima del punto de ser peligrosos, y ahora son fácilmente considerados delirantes y locos. Llamarlos locos está justificado. Intentar negociar con ellos está por encima de la ingenuidad.

Desde el 7 de diciembre de 1941, cuando fuimos atacados en Pearl Harbor, hasta el 11 de septiembre, cuando terroristas suicidas hicieron chocar aviones contra las torres gemelas en Nueva York, el Pentágono en Virginia y un campo en Pennsylvania, los Estados Unidos se sentían relativamente libres de manifiestas acciones militares contra ellos o su territorio. Sí, los refugios antiaéreos de los años cincuenta eran evidencia de las crecientes tensiones con la Unión Soviética durante la guerra fría, pero en general, los estadounidenses nos sentíamos seguros dentro de nuestras propias fronteras durante esos setenta años.

Durante la mayor parte de ese mismo periodo, Israel estuvo bajo ataque constante de las naciones limítrofes, o bajo la amenaza de ataque de terroristas decididos a aniquilarlos. Bombas suicidas en autos, misiles aparentemente disparados al azar sobre poblaciones civiles, abducciones y asesinatos de civiles inocentes, violencia de grupo generada por grupos antisemitas, e imágenes de odio y enojo en los medios de comunicación son con demasiada frecuencia el modo de vida en Israel. La sombra de la violencia sobre la nación de Israel y el pueblo judío en todo el mundo se debe claramente al profundo antisemitismo y odio a los judíos por parte de líderes religiosos de los grupos radicales islámicos.

La Liga Antidifamación, una organización formada en 1913 para detener la difamación del pueblo judío, mantiene una cronología de ataques terroristas sobre Israel durante los pasados años. Cuando miré la lista en su página web, la cual incluye todo tipo de actividad terrorista imaginable, sentí que se me llenaban los ojos de lágrimas. Bajé por la aparentemente interminable lista de atrocidades, leyendo sobre niños, mujeres y hombres israelíes que fueron asesinados o heridos mientras realizaban sus tareas cotidianas. Mi corazón quedó cargado con la realidad de que el odio está vivo en el Oriente Medio hoy día, y que el mismo mal que permitió a Hitler llegar al poder continúa presente en la región.

Algunas de las historias más recientes en el momento de escribir este libro incluyen:[1]

- *"29 de enero de 2007:* Tres personas resultaron muertas en una bomba suicida en una panadería en Eilat, la primera bomba suicida en la ciudad. La Jihad islámica reclamó la autoría del ataque.

- *"25 de junio de 2006:* Eliahu Asheri, 18 años, de Itamar, fue secuestrado por terroristas palestinos de los Comités de Resistencia Popular mientras hacía autoestop (aventón) desde Betar Illit, al sudeste de Belén, a Neveh Tzuf, donde estudiaba. Su cuerpo fue hallado el 29 de junio en Ramala. Las autoridades israelíes creen que Asheri fue asesinado por sus captores poco después de su secuestro.

• *"17 de abril de 2006:* Nueve personas resultaron muertas y al menos 40 heridas por una ataque suicida cerca de la vieja estación central de autobuses en Tel Aviv. La explosión alcanzó hasta Falafel Rosh Ha'ir, el mismo restaurante que fue alcanzado por un ataque el 19 de enero. La Jihad islámica y las Brigadas Mártires de Fatah's Al Aksa se atribuyeron la responsabilidad del ataque. El gobierno conducido por Hamás defendió el bombardeo suicida, denominándolo un acto de 'autodefensa'. El portavoz oficial de Hamás, Sami Abu Zuhri denominó el ataque 'un resultado natural de los continuos delitos de Israel contra nuestro pueblo'.

• *"30 de marzo de 2006:* Cuatro personas resultaron muertas por un ataque suicida fuera de Kedumim en la Franja Occidental del norte. Las Brigadas Mártires de Al-Aksa asumieron la responsabilidad del ataque.

• *"19 de enero de 2006:* Al menos 30 personas resultaron heridas por un ataque suicida cerca de la vieja estación central de autobuses al sudeste de Tel Aviv. La Jihad islámica se atribuyó la responsabilidad del ataque.

• *"29 de diciembre de 2005:* Tres personas resultaron muertas —dos civiles palestinos y un soldado israelí— por un ataque suicida en un punto de control cerca de Tulkarm. El suicida aparentemente planeaba como objetivo uno de los muchos eventos infantiles que tienen lugar en Tel Aviv por la fiesta de Hanukkah, pero fue detenido en el punto de control. La Jihad islámica se atribuyó la responsabilidad del ataque".

Y la lista continúa.

A medida que escala la violencia, yo creo que el escenario está preparado para una batalla como la que el mundo no ha visto jamás. La revolución islámica que nació en Irán a finales de los años setenta está en plena fuerza actualmente. Los nombres y los rostros puede que hayan cambiado —entonces, el ayatolá Jomeini; ahora, el presidente de Irán Mahmoud Ahmadinejad–, pero el objetivo sigue siendo el mismo: borrar Israel, Estados Unidos, y a todos los infieles de la faz de la tierra.

La gente con frecuencia me pregunta por qué Israel necesita nuestro apoyo. La respuesta es muy sencilla: ellos están en guerra. Con cada día que pasa, las amenazas y los ataques violentos sobre Israel y el pueblo judíos aumentan. La pacificación no es la respuesta. Uno no puede negociar con líderes y organizaciones cuyos pactos prometen tu destrucción. Nunca, desde que se declaró el Estado en 1948, la seguridad de Israel ha estado bajo un mayor riesgo.

La creciente amenaza iraní

Como afirmé al comienzo del primer capítulo, creo que el presidente de Irán, Mahmoud Ahmadinejad está adquiriendo rápidamente la tecnología nuclear para llevar a cabo sus amenazas contra Israel, a pesar de la intensa oposición internacional. Además, Ahmadinejad continúa anunciando su postura antisemita al mundo. En un discurso en las Naciones Unidas el 3 de junio de 2007, el presidente iraní afirmó que los libaneses y los palestinos han apretado "un botón de cuenta atrás" para poner fin al "régimen sionista".

Dijo: "Por la voluntad de Dios, seremos testigos de la destrucción de este régimen en el futuro cercano". El secretario general de las Naciones Unidas, Ban Ki-moon, expresó asombro y consternación ante los comentarios de Ahmadinejad y dijo que Israel era "un miembro pleno y continuo de las Naciones Unidas con los mismos derechos y obligaciones que todos los demás miembros".[2]

Si hay alguna duda de que el presidente de Irán está comprometido a la destrucción de Israel, solamente deberíamos escuchar sus propias palabras. Al igual que Hitler dejó claras sus intenciones hacia los judíos de Europa antes de emprender la acción, creo que el presidente Ahmadinejad de Irán está haciendo lo mismo en el Oriente Medio actualmente. Si simplemente escogemos ignorar las advertencias, seremos culpables del mismo pecado de omisión del que nuestros predecesores fueron culpables cuando Hitler reunió sus ejércitos e hizo sus planes hace solamente setenta años.

Continuado conflicto con los palestinos

El grupo terrorista Hamás —también comprometido a destruir a Israel— ganó las elecciones palestinas en 2006, tomando control del gobierno y de sus fuerzas de seguridad armadas. Mientras escribo este libro, la situación es tan fluida que es imposible saber quién está al mando. Los legisladores palestinos, después de haber instalado recientemente una nueva coalición de gobierno para sustituir a Hamás por una abrumadora votación de 83 a 3, se enfrentan a un desorden continuo dentro del gobierno. Gran parte del conflicto está basado en que una de las facciones no es lo bastante antiisraelí.

El nuevo gobierno —una coalición entre Hamás y Fatah, el brazo militar de la Autoridad palestina— se ha negado a reconocer el Estado judío y a renunciar a su violencia contra él. De hecho, la alianza llamó a un Estado palestino en tierras que los israelíes han ocupado desde 1967. Israel anunció que no trataría con ninguna coalición que incluya a Hamás, pero continuará tratando de identificar a personas razonables con las que trabajar dentro de la alianza.

Para mantener en contexto la situación que Israel afronta, consideremos que, a pesar de su abierta hostilidad hacia Israel, la alianza Hamás-Fatah ha obtenido cierto apoyo internacional. Egipto describió el gobierno de la nueva coalición como "una preciosa oportunidad para continuar con el proceso de paz". Siria demandó que los Estados Unidos, las Naciones Unidas, la Unión Europea y Rusia pongan fin a sus restricciones.[3]

Noruega, como ejemplo, ha levantado de inmediato las sanciones. Gran Bretaña y las Naciones Unidas sugirieron que prestarían apoyo económico si la coalición puede mantener controlada la violencia contra Israel.

La situación siempre será fluida y estará marcada por la violencia y una lucha por el dominio entre las facciones dentro de las filas palestinas, haciendo irrealista la puesta en vigor de cualquier "acuerdo de paz". Esto es particularmente cierto de la indebida influencia que Irán está teniendo en la región, utilizando a Hamás en las áreas palestinas y a Hezbolá en el Líbano como organizaciones sombra para sus propias intenciones contra los judíos.

Israel ha llamado a la comunidad internacional a "mantener sus propios principios y no tratar con un gobierno que se niega a reconocer el derecho de Israel a existir".[4]

¿Cuál es la postura de los Estados Unidos? Aunque los Estados Unidos han expresado reservas acerca de la coalición de gobierno Hamás-Fatah, declarando que deben reconocer a Israel y honrar los anteriores acuerdos con él, los líderes estadounidenses generalmente apoyan un plan de paz que permita el establecimiento de un Estado palestino.

Al apoyar la idea de un Estado palestino, los líderes de los Estados Unidos están pidiendo al pueblo judío que le dé la mano a Mahmoud Abbas, cabeza del partido Fatah, un "brazo militar" de la Autoridad palestina. Abbas sigue los pasos de antisemitas como Yasser Arafat, cuyo legado está empapado de la sangre de hombres, mujeres y niños judíos inocentes. No se puede confiar en que esas personas sean un partido permanente en un verdadero proceso de paz. Tal confianza debe ser *ganada*.

Pedir a Israel que trabaje con Fatah y con su líder, Abbas, es como pedirle a los Estados Unidos que negocie con Al Qaeda y Osama bin Laden. No hay diferencia entre Al Qaeda, Hamás y Fatah. Los terroristas que hicieron chocar sus aviones contra las torres gemelas de Nueva York como sacrificios humanos no son distintos a los suicidas que matan a mujeres y niños judíos inocentes en Israel cuando van a la sinagoga y cuando van a los mercados. Aunque Israel se someta a la petición, no sería ninguna sorpresa para ninguno de nosotros cuando Fatah continúe con su violencia, al igual que Arafat hizo tantas veces antes.

A principios de 2007, los informes estadísticos de las Fuerzas de Defensa israelíes (IDF) indicaron que había habido un total de

22,406 ataques terroristas sobre Israel, la Franja Occidental y la Franja de Gaza desde septiembre de 2000. Así es la vida en Israel día a día.

Los estadounidenses necesitan recordar que siempre, desde que Israel ha sido un Estado, legítimamente reconocido por la comunidad internacional, han estado en constante guerra en un esfuerzo por defenderse. Han vivido con un ataque terrorista tras otro. Y es hora de que, como amigos, nosotros digamos: "Israel, estamos a tu lado; ¡y ya basta! Ustedes tienen derecho a atacar a sus enemigos terroristas al igual que Estados Unidos tiene derecho a atacar a los suyos".

El informe sobre el estudio de grupo en Iraq

Con presiones cada vez mayores sobre la administración Bush para llevar la paz a Oriente Medio a cualquier costo, cada vez más estadounidenses están reclamando que los Estados Unidos saquen a sus tropas de Iraq. Esta creciente frustración entre los estadounidenses por la guerra en Iraq es lo que costó el control republicano del Congreso en 2006. Cuando Bush anunció que iba a enviar otras 30,000 tropas adicionales a Iraq como parte de una estrategia para aplacar la violencia en Bagdad, la frustración de muchos estadounidenses se convirtió en ira.

En una reciente protesta antiguerra en Washington, los manifestantes levantaban pancartas que decían: "¡Cárcel para el jefe!" y "¡Juicio a Bush por crímenes de guerra!" a la vez que gritaban: "¡tropas fuera ahora!".[5]

Con la publicación del *informe sobre el estudio de grupo en Iraq* de James Baker y Lee Hamilton en 2006, esa presión para poner fin a la guerra en Iraq se une mano a mano con la presión para permitir una solución de dos estados en Israel y la Franja Occidental. La Franja Occidental es la tan disputada franja de territorio a lo largo del banco occidental del río Jordán, que incluye la antigua ciudad de Jerusalén, el Muro Occidental y Hebrón, el lugar de sepultura de los patriarcas bíblicos. Los nombres bíblicos para ese territorio son Judea y Samaria.

La perspectiva de Baker es que debemos encontrar una resolución pacífica en la Franja Occidental antes de poder llevar a cabo una solución pacífica en Iraq.

Este punto de vista implica que el conflicto árabe-israelí es la raíz de toda la inestabilidad en toda la región de Oriente Medio, una aseveración que no podría estar más lejos de la verdad. ¿Qué tiene que ver Israel con los ataques de Al Qaeda a los musulmanes chiíes en Iraq? ¿Qué tiene que ver la política de Sudán de genocidio en Darfur con Israel? Este pervertido modo de pensar es exactamente lo que los enemigos de Israel utilizan para desviar la atención de los estadounidenses de las verdaderas fuentes de inestabilidad en Oriente Medio, como la revolución islámica que continúa sin disminución en Irán.

El *informe sobre el estudio de grupo en Iraq* sugiere que Israel ceda los Altos del Golán. Esa recomendación sin duda tiene la intención de obtener la cooperación de Siria en asuntos relacionados con Iraq. Aun si fuera aceptable que Israel cediera ese territorio —lo cual claramente no lo es—, el estudio nunca llama al desmantelamiento de organizaciones terroristas antiisraelíes en Siria; simplemente les pide que dejen de proporcionar armas a grupos como Hamás y Hezbolá, a la vez que les permite seguir abiertos para los negocios: los negocios de "borrar del mapa a Israel".

El *informe sobre el estudio de grupo en Iraq* es un documento mal concebido, y sus recomendaciones para Israel claramente violan la Palabra de Dios. ¿Cómo? Joel 3:2 dice: "reuniré a todas las naciones (esto incluye a los Estados Unidos), y las haré descender al valle de Josafat, y allí entraré en juicio con ellas a causa de mi pueblo, y de Israel mi heredad... y repartieron mi tierra".

Si Estados Unidos fuerza a Israel a ceder los Altos del Golán, claramente violará la Escritura. Les estamos dando a los enemigos de Israel los territorios altos en la venidera guerra por la supervivencia de Israel. Es hora de que nuestros líderes nacionales en Washington detengan esta locura.

Israel no debería ceder ni un centímetro más de territorio hasta que todas las organizaciones terroristas antiisraelíes depongan las armas de guerra y demuestren que están dispuestas a vivir en paz lado a lado con la nación de Israel.

Cada cristiano en Estados Unidos debería estar en absoluta solidaridad con Israel y demandar que nuestros líderes en Washington dejen de recomendar la retirada de Israel como la solución a todo conflicto que surge en el Oriente Medio. A pesar de lo que haya que hacer para poner fin a la participación militar de Estados Unidos en Iraq, nuestro gobierno nunca debe adoptar políticas que debiliten a Israel y fortalezcan a sus enemigos.

Hay voces que reclaman que la ciudad sagrada de Jerusalén sea compartida como parte de "un mapa de ruta para la paz" en el Oriente Medio. Que todos los hombres en todo lugar sepan que la ciudad de Jerusalén no es pieza de negociación con nadie en ningún momento y por ninguna razón en el futuro. Ha sido, y siempre será, la capital eterna y no dividida del Estado de Israel.

Tras el regreso de Israel de la cautividad en Babilonia, cuando personas de otras naciones buscaron tener parte en la restauración de Jerusalén, Nehemías, el gobernador judío, les dijo: "El Dios de los cielos, él nos prosperará, y nosotros sus siervos nos levantaremos y edificaremos, porque *vosotros no tenéis parte ni derecho ni memoria en Jerusalén*" (Nehemías 2:20, énfasis añadido). Es importante ver esta notación: las naciones del mundo no tienen herencia en Jerusalén.

A medida que sigue aumentando la presión para la paz en Oriente Medio a cualquier costo, quienes apoyan a Israel puede que rápidamente se conviertan en la minoría en los Estados Unidos. Esto hace que sea aún más urgente que los cristianos en Norteamérica entiendan por qué debemos apoyar a Israel y al pueblo judío.

Permita que concluya esta sección con una breve visión de conjunto de algunos de los principales grupos que han jurado la destrucción de Israel y de los Estados Unidos.

Grupos terroristas islámicos

Hoy día, la jihad es la principal fuente mundial de terrorismo, inspirando una campaña mundial de violencia por los autoproclamados grupos jihadistas. Hay muchos más grupos terroristas que el espacio que tengo para hablar de ellos en el resto de este capítulo, pero la siguiente es una breve lista de los grupos militantes clave en la región del Medio Oriente.

Al Qaeda

La influencia internacional de Osama bin Laden y su red de Al Qaeda abarca todo el planeta. Al Qaeda (término árabe para "el fundamento" o "la base") es una organización terrorista islámica que comenzó sus operaciones en 1988, primordialmente en Afganistán y Pakistán.

Aunque el número de personas implicadas y la actual estructura de Al Qaeda son desconocidas, las autoridades estadounidenses han formulado un ligero cuadro de cómo se dice que el grupo está organizado: Bin Laden es el principal jefe de operaciones, y es aconsejado por un consejo de unos treinta miembros veteranos de Al Qaeda. Hay un comité militar que entrena a operativos, adquiere armas y planea ataques; un comité financiero que maneja los gastos (en el *Informe de la Comisión del 9-11* se calculó que Al Qaeda necesita 30 millones de dólares por año para operar); un comité legal que revisa la ley islámica; y un comité que emite *fatwa* (edictos religiosos).[6]

Hezbolá

Hezbolá ("partido de Dios") es un partido político chií y una organización paramilitar que surgió a principios de los años ochenta. Con base en Líbano, la organización se ha convertido en el principal movimiento radical islámico. El principal objetivo de Hezbolá es sacar a las tropas israelíes del Líbano y liberar lo que denomina "territorio ocupado".

Hezbolá es sinónimo de terror, bombas suicidas y secuestros, y ha anunciado públicamente que está preparado para lanzar un segundo ataque contra Israel en apoyo de la *intifada* palestina (palabra árabe para "levantamiento"). El partido está apoyado por la vecina Siria y respaldado por Irán, que le proporciona brazos y dinero.

Grupo Armado Islámico

El Grupo Armado Islámico es una organización terrorista que busca sustituir al gobierno de Argelia por un Estado islámico. El grupo comenzó sus operaciones en 1992 después de que el gobierno militar ignorara los resultados electorales que le dieron la victoria al Frente de Salvación Islámico, el mayor partido islámico de la oposición, en diciembre de 1991.

Al-Gama'a al-Islamiyya

Otro grupo a seguir de cerca es un movimiento islamista egipcio militante que es considerado una organización terrorista por los Estados Unidos, la Unión Europea y los gobiernos egipcios. Al-Gama'a al-Islamiyya está dedicado a establecer un estado islámico en Egipto. Comenzó sus operaciones a finales de los años setenta, y normalmente su objetivo son edificios de gobierno, policía, el ejército, turistas y minorías.

Jihad islámica

La Jihad islámica es una de las más complejas y peligrosas de las organizaciones terroristas árabes. Es una red no coordinada de grupos individuales que generalmente actúan según su propia iniciativa, unidos por una ideología común fundamentalista islámica que declara la guerra santa (jihad) contra los infieles.

A veces, los grupos de la Jihad islámica colaboran de cerca con el régimen iraní al igual que con varias organizaciones palestinas, recibiendo tanto guía como ayuda económica.[7]

Su objetivo final es derrocar a todos los gobiernos árabes seculares a fin de establecer un imperio islámico panarabista. La Jihad islámica considera la aniquilación de los judíos y de Israel como un paso esencial hacia el cumplimiento de los objetivos del Islam.

Hamás

Hamás ("movimiento de resistencia islámica") es un acrónimo árabe que significa "celo". Hamás es un partido islámico de la Autoridad Palestina. Creado en 1987, Hamás es conocido por sus bombardeos suicidas y otros ataques dirigidos contra civiles israelíes, al igual que contra objetivos militares y de fuerzas de seguridad. Los estatutos de Hamás (escritos en 1988 y aún en vigor) llaman a la destrucción del Estado de Israel y el establecimiento de un estado islámico palestino en el área que es ahora Israel, la Franja Occidental y la Franja de Gaza. Los estatutos declaran: "No hay solución para el problema palestino excepto mediante la Jihad".[8]

Según el Departamento de Estado de los Estados Unidos, el grupo está financiado por Irán, expatriados palestinos y benefactores privados en Arabia Saudita y otros estados árabes.

Harkat ul-Mujahideen

Harkat-ul-Mujahideen es un grupo terrorista islamista pakistaní. Fue establecido en 1985 en oposición a la presencia soviética en Afganistán. Afirma ser una organización jihadista con el objetivo de crear conciencia con respecto a la jihad. Además de ser antisemita y anticristiano, es una organización antihindú.

Jaish-i-Muhammad

Jaish-i-Muhammad ("Ejército de Mahoma") es una organización terrorista fundada en el año 2000 que busca asegurar la liberación de los compañeros militantes en prisión utilizando los secuestros y otras actividades terroristas para lograr sus objetivos.

Todos estos grupos plantean una amenaza no solo a Israel, sino también a los Estados Unidos, debido a nuestro continuado apoyo al estado judío. Para subrayar aún más las convincentes razones para seguir defendiendo a Israel, veamos ahora la deuda que la sociedad, como conjunto, y el cristianismo en particular, tiene con el pueblo judío.

El pastor John Hagee orando en el Muro Occidental durante su
primer viaje a Israel en 1978. A la izquierda, un adorador desconocido
que inspiró a Hagee a unir cristianos y judíos en defensa de Israel.

El rabino Argel Scheinberg le enseña al pastor Hagee cómo tocar el shofar justo antes de la primera "Noche para honrar a Israel" en 1981.

John Hagee; el Primer Ministro Menachem Begin y su esposa,
Aliza y Diana Hagee en 1981.

El primer Ministro Yitzhak Shamir y John Hagee en 1983.

John Hagee con el General Ariel Sharon, héroe de la Guerra de los Seis Días de 1969, en la oficina del general en 1983.

John Hagee y Yitzhak Rabin en 1985. El primer ministro Rabin fue asesinado en 1995.

Benjamin Netanyahu y John Hagee en la
"Noche para honrar a Israel" en 2004.

John y Diana Hagee junto con Daniel Ayalon, el embajador israelí
en EE.UU., y su esposa, Anna, en 2005.

CAPÍTULO 8

NUESTRA DEUDA CON EL PUEBLO JUDÍO

El cristianismo no podría existir, y no existiría, si no fuera por el pueblo judío. Ese concepto vuela ante el veneno antisemita que ha llenado las bocas de líderes de la iglesia durante siglos. Pero es cierto: los valores cristianos que ahora atesoramos están arraigados en la teología practicada por los israelitas durante miles de años antes de que el cristianismo entrase a escena. Sus contribuciones son la base de nuestra fe misma.

Jesús era judío

Es esencial para los antisemitas separar a Jesús de sus raíces judías, porque si uno hace eso, entonces el odio está bien visto y el antisemitismo se convierte en una virtud cristiana. Como dije anteriormente, un cristiano antisemita es un oxímoron. Un antisemita en ese contexto es un cristiano muerto cuyo odio ha ahogado su fe. Al igual que un camaleón, el antisemitismo puede enmascararse alternativamente como "hacer la voluntad de Dios" o como ideología política.

Si Jesús puede ser separado de sus raíces judías, entonces los cristianos pueden seguir alabando a los judíos muertos del pasado (Abraham, Isaac y Jacob) a la vez que desairan a los Goldbergs por la calle. Pero cuando uno ve correctamente al pueblo judío como la familia de nuestro Señor, ellos se convierten en nuestros parientes a quienes se nos manda amar incondicionalmente.

Adolfo Hitler reconoció que necesitaba destruir las raíces judías de Jesús en las mentes del pueblo alemán. De su mente demente llegó la regulación Mischlinge, la cual definía legalmente a un judío como alguien con dos padres judíos. Hitler hizo eso por dos razones. Una, tenía que absolver a Jesús de ser judío, pues si no sus matones nazis nunca habrían asesinado con entusiasmo a seis millones de los familiares de nuestro Señor. Segundo, Hitler tenía temor a ser él mismo en parte judío.

John Toland, historiador ganador de un premio Pulitzer, registra en sus dos volúmenes de historia, *Adolf Hitler*, que el certificado de nacimiento del padre de Hitler declaraba que él era "ilegítimo". El espacio para el nombre del padre en el certificado de nacimiento estaba en blanco, generando un misterio que sigue sin ser resuelto.

Además, hay una distante posibilidad de que el abuelo de Hitler fuera un acaudalado judío llamado Frankenberger ó Frankenreither. Hitler estaba tan preocupado por el asunto que ordenó a su abogado personal, Hans Frank, que investigara el asunto confidencialmente. El informe subsiguiente, recopilado de "todas las posibles fuentes", inquietó mucho a Hitler. El informe de Frank al Führer concluía, lamentablemente, que no podía descartarse la posibilidad de que el padre de Hitler fuera medio judío. Si eso era cierto, entonces Hitler habría sido una mezcla no aria, o *mischling*.

Y si eso era cierto, entonces Hitler encajaría en el patrón histórico de los medio judíos que han atormentado al pueblo judío desde el comienzo de los tiempos.

La regulación Mishlinge quitó el estigma del pasado judío de Hitler, ya que significaba que él no cumplía con los requisitos para ser un judío según su nueva definición. La regulación también separaba a Jesús de los judíos de Alemania (debido a la concepción inmaculada de María, Jesús tenía solamente una madre judía). Hitler hizo del odio a los judíos "la voluntad de Dios". Él escribió en *Mein Kampf*: "Desde hoy en adelante creo que estoy actuando de acuerdo a la voluntad del Creador Todopoderoso: defendiéndome a mí mismo de los judíos, estoy luchando por *la obra del Señor*".[1]

La mayoría de los cristianos piensan de Jesús y sus discípulos como cristianos antes de su época. ¡No es así! Jesús no era un cristiano. Él nació de una madre judía, fue dedicado según la tradición judía, fue educado estudiando las palabras de Moisés y de los profetas de Israel, se convirtió en un rabí judío, y murió con una señal sobre su cabeza escrita en tres idiomas: "¡Este es el rey de los judíos!".

Jesús murió sin siquiera oír la palabra *cristiano*. La Biblia la registra por primera vez en Antioquia, cuarenta años después de la crucifixión (Hechos 11:26), para describir a los seguidores de Jesús. La palabra era usada por los paganos para describir la conducta amorosa de aquellos que seguían las enseñanzas de ese buen rabí judío. Solo puedo imaginar qué palabra acuñarían los incrédulos hoy día para describir la conducta cristiana de unos hacia los otros.

Si Jesucristo llegara la iglesia de usted este domingo, ¿le dejarían los ujieres entrar por la puerta? Quizá no. Él aparecería bajito y esbelto con unos penetrantes ojos oscuros, complexión verde oliva y prominentes rasgos semitas. Tendría los largos mechones de los hebreos, con su cabello sin cortar en los extremos, y una barba, y sus hombros estarían rodeados por el *tallit* (chal de oración), cuyo mensaje aún sigue siendo un misterio para la mayoría de los cristianos.

Si Jesús se identificara a sí mismo a su congregación como un rabí judío que es amigo de prostitutas, que se relaciona con recaudadores de impuestos y otros desplazados, que es odiado por el gobierno, y que se rodea de doce hombres barbudos y sin empleo con el cabello largo hasta los hombros, ¿podría obtener un asiento? ¡Probablemente no!

Si Él le ordenara a los acaudalados miembros de su iglesia que vendieran todo lo que tienen para darlo a los pobres, o si entrara en el hermoso gimnasio de su iglesia y volcara las mesas del bingo, gritando: "Mi casa es casa de oración" (Lucas 19:46), ¿llamarían los ujieres a la policía? No tengo ninguna duda de que lo harían.

La sencilla verdad es que después de dos mil años de enseñanza y predicación antisemítica, hemos perdido de vista la naturaleza judía de nuestros Señor y Salvador Jesucristo.

¿Pero cuán judío era Jesús?

Sus padres eran judíos

Jesús de Nazaret era de la tribu de Judá, que está relacionada con el rey David, Abraham y Moisés (Mateo 1:1-2). Su nombre le fue dado a María por un ángel de Dios. *Jesús* (*Yeshua* en hebreo) significa "el Señor salva". *Cristo* es el término que lo identifica como "el Ungido".

María y José educaron a Jesús de acuerdo a las tradiciones culturales y espirituales de la sociedad judía. Fue llevado al templo para ser circuncidado al octavo día, lo cual era (y sigue siendo) un evento muy judío (Lucas 2:21). Al final de su doceavo año, que habría sido su decimotercero cumpleaños, Jesús fue llevado al templo para su bar mitzvah, que era (y sigue siendo) la costumbre de los judíos (Lucas 2:42). Jesús entró en el templo siendo un niño, pero salió del templo siendo un hombre.

En ese contexto, no es difícil entender la controvertida conversación entre Jesús y su madre después de la ocasión. Cuando María y José abandonaron el templo y descubrieron después de un día de viaje que Jesús no estaba con ellos, regresaron al templo para encontrar a su hijo dialogando con eruditos. María reprendió a Jesús, diciendo: "Hijo, ¿por qué nos has hecho así? He aquí, tu padre y yo te hemos buscado con angustia. ¿Por qué me buscabais?" (Lucas 2:48-49).

Algunos cristianos consideran la respuesta de Jesús irrespetuosa hacia su madre; pero él no estaba siendo irrespetuoso. Jesús era ya un hombre, y su madre estaba teniendo dificultad para ajustarse al hecho. ¡Algunas cosas nunca cambian!

Muchos maestros cristianos dicen que debido a que la Biblia guarda silencio acerca de la vida de Jesús desde este evento hasta el comienzo de su ministerio público, no sabemos nada acerca de la vida de Jesús desde que tenía doce años hasta los treinta. Esta ausencia de registro bíblico ha conducido a algunos a algunas enseñanzas extrañas y esotéricas de que Jesús viajó a Egipto y estudió religiones de estilo oriental durante aquellos años.

Pero ese, sencillamente, no es el caso. Debido a que Jesús era judío, sabemos exactamente lo que estuvo haciendo en cada fase de su vida. En *Everyman's Talmud* leemos:

> A los cinco años se alcanza la edad para el estudio de la escritura; a los diez para el estudio de la Mishnah; a los trece para el cumplimiento de los Mandamientos [bar mitzvah]; a los quince para el estudio del Talmud; a los dieciocho para el matrimonio; a los veinte para buscar un modo de vida; a los treinta para entrar en la plena fuerza [trabajo de la vida].[2]

Jesús, por tanto, comenzó a estudiar las escrituras a la edad de cinco años; estudió la *Mishnah*, el registro escrito de las tradiciones orales judías, a la edad de diez años y a los trece pasó por el bar mitzvah en el templo. A los quince, estudió el Talmud, los comentarios rabínicos sobre la ley. A los veinte, trabajó como carpintero con su padre, José, y comenzó el ministerio público a la edad de treinta, habiendo alcanzado su plena fuerza, o la que se considera la edad de la madurez.

Jesús practicó el judaísmo tradicional

Quienes dicen que Jesús no practicó el judaísmo tradicional no tienen conocimiento de la historia de la Escritura. El hecho es que el judaísmo era la única fe sobre la faz de la tierra durante la vida de Jesús que creía en un solo Ser supremo omnipotente. ¡La única teología que Dios creó jamás fue el judaísmo! Era la solitaria voz del judaísmo la que le gritaba a un mundo pagano saturado de deidades politeístas: "Oye, Israel, el Señor nuestro Dios es Uno".

Era el judaísmo el que creía que el hombre fue creado a imagen de Dios. Fue el judaísmo tradicional el que nos dio los conceptos de infierno, cielo, ángeles, demonios, la aceptación de Adán y Eva como el primer hombre y la primera mujer, la creación del mundo en siete días y hasta su edad: cuatro mil años.

Fue el judaísmo el que nos enseñó a cantar mientras otras religiones lloran de tristeza. Fue el judaísmo el que nos dio amor y respeto por la vida. Mientras que las religiones paganas sacrificaban a sus hijos a dioses extraños, el judaísmo nos dio a un Dios amoroso que adoraba la vida de cada niño.

Fue el judaísmo el que nos dio la Santa Cena, que es parte de la celebración de la Pascua, que conmemora el partimiento del pan y tomar la copa de la Comunión. Los primeros cristianos celebraron la Pascua por trescientos años antes de la muerte de Jesús, hasta que Constantino lo hizo ilegal en un esfuerzo por separar a judíos de gentiles.

Fue el judaísmo el que nos dio a los patriarcas, los profetas, la Escritura y a nuestro Señor. Por esa razón, el rabí Jesús de Nazaret dijo: "la salvación viene de los judíos (Juan 4:22). Cada palabra del Nuevo Testamento verifica que Jesús, su familia y sus discípulos practicaron el judaísmo tradicional en sus vidas cotidianas.

El pueblo judío nos dio las Escrituras

Cada palabra del *Tanakh*, la Biblia judía (que es el Antiguo Testamento cristiano), fue escrita por personas judías. Es la luz de verdad y razón sobre la cual están edificadas nuestra sociedad y nuestra civilización.

George Washington dijo: "Es imposible gobernar correctamente el mundo son Dios y la Biblia".[3]

En defensa de Israel

Abraham Lincoln dijo: "Yo creo que la Biblia es el mejor regalo que Dios le ha dado al hombre. Todo lo que el buen Salvador le dio al mundo fue comunicado por medio de este Libro".[4]

Daniel Webster dijo: "Si hay cualquier cosa en mis pensamientos o estilo de vida que elogiar, el mérito se debe a mis padres por haber infundido en mí un temprano amor por las Escrituras. Si permanecemos en los principios enseñados en la Biblia, nuestro país seguirá prosperando y prosperará; pero si nosotros y nuestra posteridad descuidamos sus instrucciones y autoridad, ningún hombre puede decir lo repentina que puede llegarnos una catástrofe y enterrar toda nuestra gloria en profunda oscuridad".[5]

Antes de la actual obsesión con los OVNIS, las plumas de Isaías y Jeremías registraron la historia de Elías siendo transportado desde la tierra en un vehículo espacial en el original "carro de fuego" (2 Reyes 2:11).[6]

Antes de que la película *Tiburón* vaciara las playas del mundo con su terrorismo de celuloide, la pluma de Jonás registró cómo él fue tragado vivo por "un gran pez" y pasó tres días y tres noches en su estómago antes de ser vomitado sobre tierra seca.

La Biblia es un libro de poesía, historia, amor, sexo, romance, guerra, aventura, y una introducción al Dios viviente del cielo. Para resumirlo todo, el pueblo judío le dio al cristianismo el fundamento de la Palabra de Dios. El pueblo judío nos dio a los patriarcas: Abraham, Isaac y Jacob. El pueblo judío nos dio a los discípulos. El pueblo judío nos dio al apóstol Pablo, quien escribió la mayor parte del Nuevo Testamento.

Sin la contribución judía al cristianismo, no habría cristianismo. Piense en esto: el pueblo judío no necesita al cristianismo para explicar su existencia, pero nosotros no podemos explicar nuestra existencia sin nuestras raíces judías.

La deuda que la sociedad tiene con el judaísmo está por encima de la fe cristiana. Todo el mundo, y en especial los Estados Unidos, tiene una deuda con el pueblo judío. Las contribuciones del pueblo judío son sorprendentes, especialmente considerando su minúsculo número.

El popular escritor estadounidense, Mark Twain, dijo del pueblo judío:

> …Si las estadísticas son correctas, los judíos constituyen solo el uno por ciento de la raza humana. Eso sugiere una débil ráfaga de polvo de estrella perdida en el resplandor de la Vía Láctea. Adecuadamente, apenas debiera oírse al judío; pero se le oye, siempre se le ha oído. Es tan prominente sobre el planeta como cualquier otra persona, y su importancia comercial está extravagantemente fuera de proporción con la pequeñez de su masa. Sus contribuciones a la lista mundial de grandes nombres en literatura, ciencia, artes, música, economía, medicina y aprendizaje abstruso están también fuera de proporción con la debilidad de sus números. Ha realizado una maravillosa lucha en este mundo, en todas las épocas; y lo ha hecho con sus manos atadas. Podría ser presumido de sí mismo y ser excusado por ello.
>
> Los egipcios, babilonios y persas surgieron, llenando el planeta de sonido y esplendor, luego se desvanecieron y murieron; siguieron los griegos y los romanos; e hicieron un gran estruendo, y ya no están; otros pueblos han surgido y han mantenido su antorcha durante un tiempo, pero se agotó, y ahora están sentados en la penumbra, o se han esfumado. El judío los vio a todos, los batió

a todos, y es ahora lo que siempre fue, sin exhibir decadencia, sin enfermedades de la edad, sin debilidad de sus partes, sin menor energías, sin embotamiento de su mente alerta y agresiva. Todas las cosas son mortales menos el judío; todas las otras fuerzas pasan, pero él permanece. ¿Cuál es el secreto de su inmortalidad?[7]

La respuesta a la pregunta de Twain acerca del secreto de la inmortalidad de los judíos yace en el poder sobrenatural de Dios. Jehová Dios creó la nación judía y le dio esta promesa: "En ti serán benditas todas las familias de la tierra" (Génesis 12:3).

La Biblia y la historia del mundo testifican que el pueblo judío ha bendecido a las naciones de la tierra. Los siguientes son algunos puntos destacados de las contribuciones judías a la sociedad en general y a los Estados Unidos.

La contribución judía a la sociedad

De todas las estadísticas recopiladas y publicadas en 2006, la población del mundo se calcula en 6.5 mil millones de personas. El pueblo judío en todo el mundo representa solo el 0.23 por ciento de la raza humana comparados con los cristianos, que forman el 33 por ciento, y los musulmanes, que forman el 20 por ciento.[8] Como conjeturó Mark Twain hace más de un siglo, basado en la población de los judíos en proporción con el resto del mundo, es sorprendente que oigamos de ellos más allá de una breve mención en la clase de geografía de la preparatoria.

Sin embargo, a lo largo de la Historia, los judíos han estado en el centro de la mayoría de los logros del mundo creativos, científicos y culturales. Ellos tienen un lugar desproporcionadamente alto como receptores de premios Nóbel, están demasiado representados en el campo de la medicina, y sus contribuciones en el área de la investigación y el descubrimiento científico son pasmosas.

Considere este pequeño retazo de logros judíos:

- Leonardo da Vinci: genio en todos los aspectos, inventor, artista y científico; evidencia de madre judía

- Camille Pissarro: padre del impresionismo

- Shel Silverstein: escritor de cuentos infantiles; poeta

- Anne Frank: escritora/diarista

- Arthur Miller: dramaturgo

- Elie Wiesel: escritor; receptor del premio Nóbel de la paz

- Ayn Rand: escritor

- J. D. Salinger: escritor, *The Catcher in the Rye*

- Isaac Bashevis Singer: receptor del premio Nóbel de Literatura

- William James Sidis: persona más inteligente de la tierra, con un IQ de 250-300

- Milton Hershey: fundador de Chocolates Hershey

- Michael Dell: filántropo, fundador de Dell Computer

- Steve Ballmer: Director ejecutivo de Microsoft

- Paul Warburg: fundador del Sistema Federal de la Reserva Bancaria

- Leonard Bernstein: compositor, director

- Felix Mendelssohn: compositor, genio musical

- Arthur Fiedler: renombrado director de los Boston Pops

- John Kemeny: matemático; coinventor del lenguaje de programación de computadoras BASIC

- Emile Berliner: inventor del gramófono (tocadiscos) y del micrófono telefónico

- Jonas Salk: inventó la primera vacuna de la polio

- Albert Sabin: desarrolló y mejoró la vacuna de la polio

- Sigmund Freud: padre del psicoanálisis

En realidad, esta es solo una pequeña representación de los logros del pueblo judío en la sociedad en general. El hecho franco es: si un antisemita tuviera la valentía de boicotear verdaderamente todo lo judío, su vida regresaría a la Edad Media. Nuestra tecnología, música, películas, libros y ropa están creados con una importante participación judía, y la salud —y hasta las vidas mismas— de muchos dependen de los descubrimientos realizados por científicos médicos judíos. Con todos los objetos que salvan vidas y las mejoran aportados por judíos y que se han convertido en parte de nuestras vidas cotidianas, los antisemitas están condenados como hipócritas.

Mientras que la mayoría de las contribuciones enumeradas anteriormente son apreciadas por nuestra cultura moderna, una de las mayores contribuciones del pueblo judío fue realizada hace cuatro mil años, y afectó a todas las civilizaciones del mundo. Esta contribución es el concepto del monoteísmo, del que hablamos en el capítulo 6.

Antes de que Abraham, Isaac, Jacob y sus descendientes formaran la nación de Israel, el resto de las civilizaciones del mundo estaban atrapadas en el politeísmo, la creencia en múltiples dioses. Los cristianos y hasta los musulmanes, edificando sobre el concepto judío de un Dios, han difundido en todo el mundo los conceptos del monoteísmo y un estándar absoluto de lo bueno y lo malo: un estándar que se originó con los judíos.

Lo que hoy denominamos valores judeocristianos tuvieron sus raíces en palabras de Dios a los patriarcas judíos tal como se registran en la Escritura. Esos valores judeocristianos han proporcionado la base de la democracia liberal durante los últimos 230 años. Los Padres fundadores de los Estados Unidos usaron la Biblia como una fuente de inspiración y una base para los valores, tal como se evidencia en estas palabras de la Declaración de Independencia:

> Mantenemos que estas verdades son evidentes en sí mismas, que todos los hombres son creados iguales, que su Creador les ha otorgado ciertos Derechos inalienables, que entre ellos están la vida, la libertad y la búsqueda de la felicidad.[9]

El gobierno democrático y los derechos humanos que forman el modo de vida americano y el fundamento de todo el pensamiento occidental están basados en el concepto de un Dios. ¡Qué profunda aportación al mundo!

La contribución judía a América

En 1492, el rey Fernando y la reina Isabel de España firmaron el Edicto de Expulsión, demandando que los judíos de España se convirtieran al cristianismo o fueran expulsados de España. El pueblo judío fue obligado otra vez a buscar un nuevo hogar. Esa búsqueda comenzó cuando un hombre de negocios judío financió a un marinero llamado Cristóbal Colón.

Hay mucha especulación en torno a la posibilidad de que Colón pudiera haber sido judío, o al menos de descendencia judía. La *Enciclopedia Británica* referencia que él podría provenir de una familia española-judía que se estableció en Génova, Italia. Lo que algunos consideran una convincente evidencia de sus vínculos judíos es el hecho de que comenzó el relato de su viaje al Nuevo Mundo con una referencia a la expulsión de los judíos de España:

En el mismo mes en el cual sus Majestades promulgaron el edicto de que todos los judíos debían ser expulsados del reino y de sus territorios, en el mismo mes me dieron órdenes de emprender con suficientes hombres mi expedición de descubrimiento a las Indias.[10]

En un documento, Colón se refiere al segundo templo en Jerusalén con el término hebreo "segunda casa", y data su destrucción en el año 68 según la tradición judía. Colón también parece haber retrasado deliberadamente el día de su partida hasta el 3 de agosto a fin de no estar navegando el Ninth of Av, que es el aniversario de la destrucción del templo.

Si Colón mismo era judío o no, lo que es seguro es que tenía amigos judíos. Algunos eruditos creen que los amigos españoles-judíos de Colón, como Luis de Santangel y Don Isaac Abravanel, fueron responsables de conseguir a Colón una audiencia con la reina

Isabel, convenciendo a los monarcas españoles de que aprobaran sus propuestas y proporcionaran fondos para su viaje al Nuevo Mundo. Varios pasajeros en el famoso viaje al Nuevo Mundo eran también judíos.

Cuando España cerró sus puertas a los judíos, se estaba abriendo una nueva puerta al Nuevo Mundo que con el tiempo se convertiría en América. Las manos que empujaron y abrieron la puerta eran judías.

Financiación para la revolución americana

Durante la revolución americana, cuando George Washington y el Ejército continental luchaban por sus propias vidas en las nieves del valle Forge, no tenían suficiente comida, no tenían suficientes armas, y no tenían suficiente munición para luchar contra los británicos. Parecía como si la declaración de vida, libertad y la búsqueda de la felicidad nunca fuera a dar fruto. Haym Salomón, un patriota y banquero judío, acudió al pueblo judío de América y de Europa y recaudó millones de dólares. Entregó el dinero que recaudó a George Washington, y esa contribución cambió le dirección de la revolución americana.[11]

Según algunos, Haym Salomón puede que fuera el verdadero autor del primer bosquejo de la Constitución de los Estados Unidos. Algunos también especulan con que Salomón fuera el diseñador del gran sello de los Estados Unidos de América, tal como aparece en los billetes de dólar.

No está claro si esas afirmaciones acerca de Salomón están basadas en una leyenda o en la verdad. Cualquiera la total contribución de Salomón a la historia estadounidense, yo creo que se revela un reconocimiento de la gratitud de nuestros antepasados a Salomón y a otros judíos patriotas al examinar con atención el sello: por encima de la cabeza del águila americana, las trece estrellas que representan las trece colonias americanas forman la silueta de la estrella de David.

Preservación del Monticello de Jefferson

Uriah P. Levy fue un judío patriota y oficial de marina de los Estados Unidos durante la guerra de 1812. Levy consideraba a Thomas Jefferson como uno de los mayores hombres en la Historia. En 1826, Levy adquirió la propiedad de Jefferson, Monticello, la cual había estado tan en decadencia durante los diez años posteriores a la muerte de Jefferson que estaba prácticamente en la ruina. Levy comenzó a restaurar los edificios y las tierras, incluyendo la compra de otros 2,500 acres adicionales junto a la histórica propiedad. Después de la muerte de Levy en 1862, su testamento dictó que Monticello y la propiedad contigua fueran dejadas al pueblo de los Estados Unidos. Lo que disfrutamos ahora como una marca de historia estadounidense es el resultado de la disposición de un hombre judío a no ahorrar gastos a fin de preservar un tesoro nacional para el pueblo de Estados Unidos.

Tributo eterno a Lady Libertad

En 1883, grandes escritores estadounidenses, como Walt Whitman y Mark Twain, aportaron manuscritos originales a una exposición para recaudar fondos para el pedestal de la estatua de la libertad. Un joven poeta en ciernes aportó un soneto titulado "El nuevo Coloso", escrito solo unos días antes. Las inmortales palabras fueron escritas por Emma Lazarus, una estadounidense judía, poco después de su regreso de un viaje por Europa donde había visto la persecución de los judíos y de otras personas de primera mano. Sus apasionadas palabras que identificarían para siempre a Lady Libertad como "la madre de los exiliados" fueron inmortalizadas en una placa que fue añadida a la base de la estatua en 1903:

No como el descarado gigante de helénica fama,
con sus conquistadores miembros ahorcajados de tierra a tierra;
aquí en nuestro crepúsculo del mar bañado,
se afirmará una.
Poderosa mujer con antorcha,
cuya flama es a los prisioneros luz,
y Madre de los Exilios es su nombre.
En su mano el faro refulge a todo
el mundo la bienvenida;
sus ojos suaves ordenan el aire tendido el puerto; puente que
mellizales ciudades fragua.

"Guarden, antiguas tierras, sus historiadas
pompas", ella grita.
"Denme a mí sus fatigados, sus pobres,
sus abigarradas masas, anhelantes de libre respirar,
los miserables rechazados de sus prolíficas costas.
Envíen a esos, a los desahuciados, arrójenlos a mí,
¡que yo elevo mi faro junto a la dorada puerta!"[12]
—EMMA LAZARUS, 1883

La Segunda Guerra Mundial y la bomba atómica

Albert Einstein, físico judío, autor de la teoría de la relatividad y ganador del premio Nóbel, nació en la ciudad alemana de Ulm. En enero de 1933, Hitler ascendió al poder, y Einstein dimitió de su puesto en la Academia Real de Ciencias y nunca regresó a Alemania. Un hombre profundamente religioso, Einstein estaba convencido de que "cuanto menos conocimiento posee un erudito, más siente de Dios. Pero cuanto mayor sea su conocimiento, mayor es su cercanía a Dios".[13]

Durante la Segunda Guerra Mundial, llegaron noticias secretas al físico, que residía en los Estados Unidos, de que el proyecto alemán del uranio estaba progresando, y el prospecto de que los nazis produjeran una super bomba mediante energía atómica era muy posible.

Einstein firmó una carta que señalaba la viabilidad de la energía atómica. Fue su carta dirigida al presidente Franklin Roosevelt la que encendió la chispa del Proyecto Manhattan y dio nacimiento a la energía atómica. El genio que hizo nacer la fórmula $E=mc^2$ y más adelante puso fin a las atrocidades de la Segunda Guerra Mundial era judío.

Himno nacional no oficial de Estados Unidos

El legendario escritor de canciones Irving Berlin nació de padres judíos en Rusia en 1888. Un pogrom antisemita obligó a sus padres y a sus ocho hijos, incluyendo a Irving, a emigrar de Rusia a los Estados Unidos en 1894. Como hijo de inmigrantes rusos en la ciudad de Nueva York, Berlin solamente recibió dos años de educación formal y nunca aprendió a leer música; sin embargo, se convirtió en uno de los mayores escritores de canciones de nuestra época. Berlin compuso la letra y la música de más de 1,500 canciones, incluyendo el querido clásico *White Christmas* y el himno nacional no oficial de Estados Unidos, *God Bless America*.

En 1944, la Conferencia Nacional de cristianos y judíos honró a Berlin por sus esfuerzos por "eliminar religiones y conflictos raciales". Diez años después, el presidente Dwight Eisenhower entregó a

Berlin la medalla de oro del Congreso como reconocimiento a la canción *God Bless America.*

Otras contribuciones judías

La contribución judía continuó en los Estados Unidos mediante las vidas de los jueces de la Corte Suprema Felix Frankfurter y Louis Brandeis. Los anales médicos están llenos de médicos judíos cuyos descubrimientos médicos han salvado cientos de millones de vidas. A pesar de su pequeño número, ellos han dominado muchos de los principales campos de las empresas humanas: comerciantes, humanitarios, científicos, astronautas, hombres de estado, educadores, escritores, músicos, y dotados artistas que han bendecido nuestras vidas con el genio que Dios les dio.

Esas personas son un testimonio vivo de la promesa de Dios a Abraham: "En ti serán benditas todas las naciones de la tierra" (Génesis 12:3).

Algunos hechos sobre el liderazgo de Israel en la investigación médica
Los israelitas desarrollaron un shunt que ahora proporciona alivio a las personas que sufren glaucoma.
Investigadores israelíes han descubierto que la combinación de estimulación eléctrica y quimoterapia hace desaparecer la metástasis cancerosa.
Investigadores israelíes han desarrollado la primera vacuna contra el virus del Nilo occidental.
Científicos israelíes han desarrollado una nano-computadora de AND que detecta el cáncer y libera medicamentos para tratar la enfermedad.
Investigadores israelíes están desarrollando una vacuna contra la gripe de cinco años en forma de gotas para la nariz.[14]

Algunos hechos sobre el liderazgo de Israel en investigación y desarrollo tecnológico
El teléfono celular fue desarrollado en Israel.
La mayor parte del sistema operativo Windows NT se desarrolló en Israel.
La tecnología del chip Pentium MMX fue diseñada en Israel.
La tecnología para el correo de voz se desarrolló en Israel.
La tecnología para el AOL Instant Messenger fue desarrollada en 1996 por cuatro jóvenes israelíes.
El primer software antivirus para PC se desarrolló en Israel en 1979.[15]
Israel produce más documentos científicos per cápita que cualquier otro país –109 por cada 10 000–, al igual que uno de los mayores índices per cápita de patentes.[16]
Israel tiene el tercer mayor índice de empresariado –y el mayor índice entre mujeres y entre personas de más de cincuenta y cinco años de edad– en el mundo.[17]

Nuestra deuda con el pueblo judío es solo una de las razones por las cuales debemos apoyar al Estado de Israel. Pero la razón más importante de todas es el hecho de que honrar a Israel trae la bendición de Dios.

CAPÍTULO 9

HONRAR A ISRAEL TRAE LA BENDICIÓN DE DIOS

En el capítulo anterior, mencioné algunas de las maneras en que el pueblo judío ha bendecido a nuestra sociedad mediante sus muchas contribuciones científicas, médicas y sociales. Ahora, quiero mostrarle en la Escritura algunos detalles sobre cómo se transmite esta bendición.

La Biblia afirma con bastante claridad: "Bendeciré a los que te bendijeren, y a los que te maldijeren maldeciré" (Génesis 12:3). Podrían escribirse libros enteros sobre cómo esa bendición y maldición han impactado de modo dramático la historia del hombre. Es un hecho innegable que el hombre o la nación que ha bendecido a Israel ha sido bendecido por Dios, y sobre hombre o la nación que maldijo a Israel el juicio de Dios cayó abundantemente.

Varios pasajes bíblicos combinados verifican que prosperidad (Génesis 12:3; Salmo 122:6), salud divina (Lucas 7:1-5), y salvación y el derramamiento del Espíritu Santo (Hechos 10) llegaron primero a los gentiles que bendijeron al pueblo judío y a la nación de Israel de manera práctica. Pablo amplía esta enseñanza en Romanos 15:27. Echemos un vistazo a otros ejemplos bíblicos.

Dios bendice a los gentiles mediante los judíos

Un gentil llamado Labán era el suegro sirio del patriarca Jacob. Labán abusó de Jacob al cambiar su salario diez veces, cada vez para perjuicio de Jacob. También engañó a Jacob para que trabajara catorce años por la mano de su hija Raquel. Labán, en el texto bíblico, es un patrón engañador, fraudulento e indigno de confianza.

Después de más de catorce años de este abuso, Jacob, el empleado, acude a Labán, el patrón, y le entrega su renuncia. Las palabras que Labán dijo cuando comprendió que estaba a punto de perder a Jacob como empleado revelan una verdad divina que aún sigue estando en la tierra. Esa verdad es que Dios bendice a los gentiles mediante el pueblo judío.

> Y Labán le respondió: Halle yo ahora gracia en tus ojos, y quédate; he experimentado que Jehová me ha bendecido por tu causa.
> —GÉNESIS 30:27, ÉNFASIS AÑADIDO

Egipto bendecido por causa de José

La siguiente persona destacada que aprendió el principio de que Dios bendice a los gentiles mediante el pueblo judío fue el exaltado gobernador del antiguo Egipto. José era un embajador judío, enviado por Dios a un país distante para bendecir a los gentiles y preservar a las naciones del mundo.

Un muchacho judío descendió a Egipto encadenado en una caravana de camellos, habiendo sido vendido por diez hermanos mayores celosos a comerciantes de Midián que pasaban por Canaán. El adolescente fue vendido por veinte shekels de plata. Cuando los comerciantes llegaron a Egipto, José fue vendido una segunda vez en el mercado libre de esclavos. Su nuevo dueño era un oficial egipcio llamado Potifar, capitán de la guardia de Faraón.

El favor de Dios estaba con José, y él llegó hasta un puesto de responsabilidad como administrador de las vastas propiedades de Potifar. Se registra en la Escritura que:

> Jehová bendijo la casa del egipcio *a causa de José*, y la bendición de Jehová estaba sobre todo lo que tenía, así en casa como en el campo.
>
> —GÉNESIS 39:5, ÉNFASIS AÑADIDO

Finalmente, después de que José hubiera sido traicionado, metido en la cárcel y luego milagrosamente liberado, Faraón lo nombró primer ministro de Egipto con estas palabras:

> Entonces el faraón les preguntó a sus servidores: ¿Podremos encontrar una persona así, en quien repose el espíritu de Dios? Luego le dijo a José: Puesto que Dios te ha revelado todo esto, no hay nadie más competente y sabio que tú. Quedarás a cargo de mi palacio, y todo mi pueblo cumplirá tus órdenes. Sólo yo tendré más autoridad que tú, porque soy el rey.
>
> —GÉNESIS 41:38-40, NVI

Faraón puso en el dedo de José el gran anillo de oro, que llevaba el nombre y el sello del rey, autorizándolo para hacer transacciones en todos los asuntos oficiales del reino. José fue vestido con ropas reales de lino fino, y pusieron en su cuello la cadena de oro del puesto de primer ministro. Iba en el carro del Faraón con hombres que marchaban delante de él diciendo: "¡Abran paso! ¡Abran paso! Faraón le dijo a José: "Yo soy Faraón, pero sin tu palabra, nadie puede dar un paso en Egipto".

El joven esclavo que había llegado a Egipto era ya el primer ministro de treinta años de edad de Egipto, la civilización más rica y poderosa sobre la faz de la tierra. José llegó a Egipto atado con cadenas de hierro; ahora llevaba puestas las cadenas de oro de la realeza. En el pasado había viajado sobre un sarnoso camello hasta el mercado de esclavos; ahora viajaba en un carro real tirado por slatarines corceles con heraldos que corrían delante de él, anunciando la llegada del ciudadano de Egipto con más honores.

José había predicho siete años de prosperidad y abundancia, seguidos de siete años de siete años de hambre. Bajo su liderazgo, la administración produjo y almacenó excedente de grano. Así, cuando llegaron los años de hambre como él había predicho, y el mundo se quedó sin alimentos, José, el embajador judío a quien Dios había puesto en una posición de poder, fue capaz de trocar con las naciones de la tierra hasta que Egipto literalmente controló el mundo conocido. Mientras Faraón bendijo a José y a los judíos, la prosperidad de Egipto fue tan asombrosa que los historiadores del mundo batallan para describir con exactitud su esplendor.

Egipto se convirtió en la envidia del mundo. Ninguna nación de la tierra tenía una fracción de su riqueza, poder militar o deslumbrante belleza arquitectónica. Egipto prosperó en salud personal, economía internacional y logros agrícolas.

"En ti serán benditas todas las naciones de la tierra". José lo demostró.

Egipto maldecido por causa de José

Después de los años de prosperidad que Egipto disfrutó a causa de las bendiciones de Dios, finalmente llegó al poder un faraón "que no conocía a José" (Éxodo 1:8). A medida que se fueron disipando los recuerdos del notable liderazgo de José, los egipcios comenzaron a perseguir a sus descendientes, los cuales se convirtieron en trabajadores esclavos para los caros proyectos de construcción del faraón. Él hizo penosa la vida del pueblo judío en Egipto, primero por hacerles trabajar muy duro, y finalmente por ejecutar a sus hijos ahogándolos en el río Nilo.

Dios levantó a Moisés como su líder, y luego envió diez plagas para aplastar a Egipto. El primogénito de cada familia egipcia murió, todos aquellos que no pusieron en los dinteles de sus puertas la sangre de un cordero. El ganado de la nación cayó muerto en los campos, las langostas se comieron su grano, y la riqueza de Egipto fue entregada a los judíos cuando salieron en aquella primera noche de Pascua. Finalmente, Dios ahogó a Faraón y a su ejército en el Mar Rojo.

Egipto estaba en bancarrota, enfrentándose de nuevo al hambre porque su ganado y sus cosechas estaban destruidas. Egipto no tenía gobernante (el faraón estaba muerto) y estaba indefenso (el ejército estaba mermado). Desde ese día hasta hoy, Egipto ha pasado de ser el líder del mundo a ser una sociedad demacrada, enferma y golpeada por la pobreza.

¿Por qué? "Maldeciré a quienes te maldijeren…".

Gentiles del Nuevo Testamento
bendecidos por ayudar a judíos

El principio de que los gentiles son bendecidos mediante el pueblo judío está verificado en el Nuevo Testamento. Jesucristo de Nazaret, un rabí, era "luz para revelación a los gentiles" (Lucas 2:23).

Cuando la mujer samaritana (una gentil) fue al pozo a sacar agua, Jesús le dijo: "Vosotros adoráis lo que no sabéis; nosotros [los judíos] adoramos lo que sabemos; porque la salvación viene de los judíos" (Juan 4:22).

El Evangelio de Lucas describe una ocasión en que Jesús fue a Capernaúm, donde cierto centurión romano (un gentil) tenía un siervo que estaba a punto de morir. Cuando el centurión oyó que Jesús se acercaba, envió a ancianos judíos a rogar a Jesús que fuera a su casa y sanara al siervo críticamente enfermo.

Observemos la lógica que los ancianos judíos utilizaron con Jesús:

> Y ellos vinieron a Jesús y le rogaron con solicitud, diciéndole: Es digno [el centurión] de que le concedas esto; *porque ama a nuestra nación [Israel], y nos edificó una sinagoga.* Y Jesús fue con ellos.
> —LUCAS 7:4-6, ÉNFASIS AÑADIDO

Los ancianos judíos buscaron la ayuda de Jesús porque ese soldado romano los había bendecido haciendo algo práctico por Israel: construyendo una sinagoga. Así que Jesús fue a la casa de un gentil y sanó al siervo que estaba a punto de morir. ¿Por qué? Porque el gentil había bendecido a la nación de Israel.

Tras la muerte y resurrección de Jesús, el mismo tipo de bendición fue derramada sobre los gentiles mediante los apóstoles.

La Escritura retrata de modo dramático lo que sucedió cuando se predicó el evangelio por primera vez a los gentiles en la casa de un hombre, otro centurión romano que vivía en la ciudad costera de Cesarea. ¿Por qué eligió Dios la casa de Cornelio para que fueran los primeros gentiles en escuchar el evangelio y recibir salvación y el derramamiento del Espíritu Santo? La respuesta se encuentra en Hechos 10.

Cornelio se describe en la Escritura como un hombre "piadoso y temeroso de Dios... *y que hacía muchas limosnas al pueblo*" (Hechos 10:2). ¿Qué pueblo? Los judíos que vivían alrededor de él en Cesarea.

La Escritura subraya que la razón por la cual Dios eligió la residencia de Cornelio para esa gran bendición espiritual fue que él bendecía al pueblo judío:

> Cornelio, tu oración ha sido oída, *y tus limosnas han sido recordadas delante de Dios.*
>
> —HECHOS 10:31, ÉNFASIS AÑADIDO

Cornelio fue elegido porque "tiene buen testimonio en toda la nación de los judíos" (Hechos 10:22). Se subraya el punto tres veces en el mismo capítulo. Un gentil justo que expresaba su amor incondicional por el pueblo judío de manera práctica fue divinamente elegido para ser la primera casa gentil en recibir el evangelio de salvación y la primera en recibir el derramamiento del Espíritu Santo.

Fueron los actos de bondad prácticos por parte de un gentil los que provocaron la bendición de Dios sobre su casa, cumpliendo el pacto hecho con Abraham: "Bendeciré a los que te bendigan...".

La tragedia de la Historia ha sido que, durante dos mil años, el cristianismo no ha provocado a celos al pueblo judío por su bondad; por el contrario, la iglesia ha producido una cosecha de odio que hizo que el pueblo judío retrocediera con temor ante aquellos que hacían la guerra tras la cruz. El pervertido "cristianismo" mostrado por los cruzados y los nazis no es diferente de un miembro de los talibanes que se ata una bomba a su cuerpo y asesina a judíos que se niegan a creer en el islam.

Es momento de que los verdaderos cristianos se acerquen a nuestros hermanos y hermanas judíos, demostrando el amor incondicional de Dios, que es lo que Pablo mandó en su carta a los romanos:

> Porque si los gentiles han sido hechos participantes de sus bienes espirituales [los judíos], deben también ellos [los gentiles] ministrarles [a los judíos] de los materiales.
>
> —Romanos 15:27

¿Qué "bienes espirituales" han recibido los gentiles de los judíos? Como gentiles:

- Recibimos las insondables riquezas del evangelio de Jesucristo.

- Recibimos las riquezas de las bendiciones de Abraham, que no conocen medida y no tienen límite.

- Recibimos las riquezas de la fe mediante la cual los tesoros del cielo son hechos posibles para cada uno de nosotros.

- Recibimos las riquezas del arrepentimiento mediante el cual cada uno de nosotros se convierte en un hijo de Dios.

- Recibimos las riquezas de su amor, gozo y paz eterna en el Espíritu Santo.

- Recibimos las riquezas de la salvación por la gracia mediante la fe.

- Recibimos las riquezas de la adopción y las riquezas de ser herederos y coherederos con Jesucristo.

Hemos recibido la Palabra de Dios del pueblo judío. Hemos recibido a los patriarcas y los profetas. Hemos recibido una teología monoteísta; es decir, un Dios, el Dios de Abraham, Isaac y Jacob. Trágicamente, la mayoría de los cristianos no entienden cuán benditos somos a causa del pueblo judío.

De hecho, demasiados cristianos laboran bajo ideas teológicas erróneas acerca de la relación de judaísmo y cristianismo. En el siguiente capítulo enterraré algunos de los mitos y errores que han llevado a estas dos grandes y bíblicas creencias a separarse.

CAPÍTULO 10

RESPUESTAS A LOS CRÍTICOS CRISTIANOS

A lo largo de los años, mi firme apoyo al Estado de Israel y mi acercamiento a la comunidad judía han sido mal entendidos y mal calificados por críticos tanto cristianos como seculares. En este capítulo y el siguiente, quiero responder a algunas de las críticas más frecuentes que recibo, aclarar mi posición, y establecer mis puntos finales en el caso del apoyo al estado judío.

Comenzaré repitiendo algunas de las percepciones erróneas acerca de Jesús y del pueblo judío, en especial por parte de quienes enseñan el error de la teología de sustitución, la idea de que la iglesia ha sustituido a la nación de Israel y a los judíos en la economía de Dios. Esta falsa doctrina sostiene que la nación histórica de Israel ya no tiene parte en el plan divino de Dios para lo que resta del tiempo. La teología de sustitución es el apuntalamiento de la mayoría de las atrocidades cometidas en nombre del cristianismo contra el pueblo judío a lo largo de los siglos.

Muchos cristianos nunca hay oído el término *teología de sustitución* y no son conscientes de que han caído presas del error doctrinal. Esas personas pueden plantear algunas de las siguientes objeciones sin comprender la implicación de sus afirmaciones.

Los judíos no son los asesinos de Cristo

Los primeros padres dijeron a los congregantes analfabetos que los judíos eran los odiosos asesinos de Cristo. Siglo tras siglo, esa maliciosa etiqueta se ató a los cuellos de los judíos y, como resultado, los cruzados, los inquisidores y los nazis pintaron de rojo Europa con sangre judía; todo creyendo que estaban actuando según la voluntad de Dios.

El historiador de la iglesia primitiva, Eusebio, en el primer párrafo de *Historia de la Iglesia*, declaró que su intención era "relatar las desgracias que inmediatamente llegaron a *toda la nación judía* como consecuencia de sus tramas contra el Salvador".[1]

San Gregorio de Nisa subió a su púlpito, vociferando contra los judíos como "los *asesinos del Señor*, asesinos de los profetas, adversarios de Dios, aborrecedores de Dios, hombres que muestran desprecio por la ley, enemigos de la gracia, enemigos de la fe de sus padres, defensores del diablo, nido de víboras, burladores, hombres cuyas mentes están en oscuridad, levadura de los fariseos, asamblea de demonios, pecadores, hombres malvados, apedreadores y aborrecedores de la justicia".[2]

San Juan Crisóstomo acuñó el término *judíos deicidas* ("asesinos de Cristo"). Era una maliciosa etiqueta de la que los judíos nunca pudieron escapar. Las enseñanzas de aquel líder de la iglesia romana fueron registradas en sus homilías:

> Los judíos son los más indignos de todos los hombres. Son lascivos, avaros, rapaces. Son pérfidos *asesinos de Cristo*. Adoran al diablo,

su religión es una enfermedad. Los judíos son los *odiosos asesinos de Cristo y por matar a Dios* no hay expiación posible, ninguna indulgencia o perdón. Los cristianos puede que nunca cesen la venganza, y el judía debe vivir en servidumbre para siempre. Dios siempre odió a los judíos, incumbe a todos los cristianos (como obligación) odiar a los judíos.[3]

Los nazis prepararon al pueblo alemán para el exterminio de los judíos explotando este tema de la crucifixión con su corolario del eterno juicio divino. La etiqueta de "asesinos de Cristo" motivó al pueblo alemán a estar en silencio y apartar su cabeza mientras los nazis hacían marchar a la niña de los ojos de Dios hacia zanjas de exterminación en masa y finalmente a los hornos.

¿Cómo pudo suceder esta locura en manos de uno de los pueblos más civilizados y cultos de la tierra? ¿Cómo pudo justificarse en las mentes de las personas alemanas bautizadas cristianamente? Se hizo con la tan repetida y venenosa frase: "¡Los judíos son los asesinos de Cristo!".

Hermann Grabe fue testigo ocular de lo que sucedió en Dulmo, en Ucrania, como resultado de años de retórica religiosa que culpaba a los judíos de la crucifixión de Jesucristo.

El día 5 de octubre de 1942, Grabe fue a su oficina en Dulmo, donde su capataz le dijo que todos los judíos en el barrio estaban siendo exterminados. Se les disparaba a unos mil quinientos cada día en masivas zanjas de exterminación. Grabe y su capataz se metieron en un auto y fueron hasta las zanjas de ejecución que los nazis habían preparado, de treinta metros de longitud y tres metros de profundidad. Cuando llegaron, vieron a la SS nazi usando perros y látigos para sacar a los judíos de los abarrotados camiones hacia las masivas zanjas de exterminio.

Se les ordenaba a los judíos desnudarse. Se les decía que dejaran su ropa ordenada, botas y zapatos, ropa y ropa interior. Ya había grandes montones de esa ropa y un montón de unos ochocientos a mil pares de botas y zapatos.[4]

Las personas se desnudaban. Las madres desnudaban a sus hijos, "sin gritar o llorar", dijo Grabe, cinco años después. Habían llegado a un punto de sufrimiento humano en que ya no quedaban lágrimas y se había abandonado toda esperanza. "Ellos se juntaban en grupos familiares, se besaban los unos a los otros, se despedían, y esperaban".

Ellos esperaban una señal del hombre de la SS, que estaba al lado de la zanja con su látigo. Ellos permanecían allí esperando durante un cuarto de hora, esperando que llegara su turno, mientras al otro lado del montón de tierra, ahora que ya no se oían los disparos, los muertos y los moribundos eran echados a la zanja.

Grabe dijo:

No oí quejas, ni súplicas de misericordia. Observé a una familia de unas ocho personas, un hombre y una mujer de unos cincuenta años, con sus hijos adultos, de unos veinte o veinticuatro años. Una mujer vieja con cabello blanco tenía a un bebé en sus brazos, y le cantaba y le hacía cosquillas. El bebé hacía gorgoritos de alegría. La pareja se miraba el uno al otro con lágrimas en los ojos. El padre agarraba la mano de un muchacho de unos diez años de edad y le hablaba suavemente; el muchacho luchaba por no llorar...

Les hicieron marchar a la zanja de ejecución y les dispararon del modo usual nazi, en la nuca. El Dr. James Parkes escribe: "en nuestra época... más de seis millones de asesinatos deliberados son las consecuencias de las enseñanzas acerca de los judíos de las cuales la Iglesia cristiana es la responsable final... que tiene su última morada en la enseñanza del Nuevo Testamento mismo".[5]

Uno de esos mitos mortales del Nuevo Testamento es que los judíos mataron a Jesús, y sin embargo no puede encontrarse ninguna justificación en el Nuevo Testamento para apoyar esta mentira. Cuando uno es confrontado con esa afirmación errónea acerca del pueblo judío, las siguientes son unas cuantas cosas que se pueden mencionar en la respuesta.

Antes que nada, en cualquier tribunal, los relatos de los testigos oculares son considerados la única fuente de testimonio en la búsqueda de la verdad. ¿Qué tienen que decir los relatos de los testigos oculares en los Evangelios? Los escritores de los Evangelios se cuidaron especialmente de comunicar a sus lectores el hecho de que el pueblo judío, su propio pueblo, no era responsable, y en su mayor parte era ignorante, de los eventos que condujeron al arresto, juicio y condena de Jesucristo.

Los relatos de los testigos oculares

Mateo afirma que los judíos como pueblo no tuvieron nada que ver con la conspiración política contra Jesús. Los conspiradores son expuestos de esta manera:

> Se reunieron entonces los jefes de los sacerdotes y los *ancianos del pueblo en el palacio de Caifás, el sumo sacerdote, y con artimañas *buscaban* cómo arrestar a Jesús para matarlo.
> —MATEO 26:3-4, NVI, ÉNFASIS AÑADIDO

> Y lo oyeron los escribas y los principales sacerdotes, y buscaban cómo matarle; porque le tenían miedo, por cuanto *todo el pueblo* estaba admirado de su doctrina.
> —MARCOS 11:18, ÉNFASIS AÑADIDO

Y los principales sacerdotes y los escribas buscaban cómo matarle; *porque temían al pueblo.*

—LUCAS 22:2, ÉNFASIS AÑADIDO

Deben establecerse dos puntos muy importantes aquí:

1. Hubo un complot para la crucifixión.
2. Fue llevado a cabo por el sumo sacerdote Caifás, quien en ninguna manera representaba al pueblo judío. Él era un nombramiento político de Herodes, quien él mismo fue directamente nombrado por Roma, no por el pueblo judío. El pueblo judío odiaba a Herodes y a Caifás porque eran instrumentos políticos en manos de los romanos paganos.

¿Cómo llegó al poder Herodes? Cuarenta años antes de que naciera Cristo, Marco Antonio de Roma unió fuerzas militares con Herodes el Grande en un ataque a la ciudad de Jerusalén. Después de cinco meses, Jerusalén cayó, y Herodes fue nombrado por Marco Antonio supervisor romano de Palestina. Herodes era un dictador y un asesino paranoico, del cual Hitler podría haber aprendido unas cuantas lecciones.

Herodes enseguida hizo asesinar a cuarenta y cinco miembros del *Sanedrín,* el antiguo equivalente judío a una Corte Suprema, para obtener control dictatorial absoluto y silenciar la voz judía en el gobierno. Durante el reinado de Herodes, el Sanedrín no era nada más que un tribunal religioso sin poder alguno. Herodes tenía poder absoluto por la voluntad de Roma, no del pueblo judío.

Caifás, quien condujo "el complot del Calvario", fue nombrado por Herodes para hacer la voluntad de Roma. Era un sacerdote ilegítimo que no había sido elegido por el pueblo judío para hacer la voluntad de ellos. El sumo sacerdote era un instrumento político despreciado por los judíos de Jerusalén.

En este escenario político entró un rabí judío llamado Jesús de Nazaret. Los judíos buscaban un libertador que condujera a que se produjera una revuelta para romper las opresivas cadenas de Roma. La popularidad de Jesús se extendió como la pólvora. Cualquiera que pudiera alimentar a cinco mil personas con el almuerzo de un muchacho podía alimentar a un ejército que pudiera derrotar a Roma. Cualquiera que pudiera sanar y resucitar personas de la muerte podría sanar soldados heridos y devolver la vida a tropas muertas para luchar contra los paganos romanos.

Jesucristo era una amenaza política muy seria para Herodes y su compañero, Caifás. Así que ambos tramaron un complot políticamente inspirado para hacer que Jesús fuera asesinado al estilo romano: por crucifixión. Cuando el otro conspirador romano, el sumo sacerdote Caifás, se reunió con su secuaz político para considerar cómo matar a Jesús de Nazaret, el texto bíblico dice que ellos decidieron arrestar a Jesús astutamente para no causar una revuelta entre el pueblo judío.

> Y con artimañas buscaban cómo arrestar a Jesús para matarlo. «Pero no durante la fiesta —decían—, no sea *que se amotine el pueblo.*»
> —Mateo 26:4-5, nvi, énfasis añadido

> Y procuraban prenderle… pero *temían a la multitud.*
> —Marcos 12:12, énfasis añadido

> Y decían: No durante la fiesta *para que no se haga alboroto del pueblo.*
> —Marcos 14:2, énfasis añadido

¿Por qué temían un alboroto? Un alboroto requiere un *levantamiento espontáneo* entre la población general. El sumo sacerdote sabía que la mayoría del pueblo apoyaba a Jesús y espontáneamente se levantaría si él fuera capturado. Noticias de una revuelta llegarían a Roma, y Herodes sería instantáneamente reemplazado de su puesto tan lucrativo. Si Herodes perdía su poder político, también lo perdería Caifás. Ellos no podían permitir que eso sucediera, así que tramaron un complot.

Mateo aporta más evidencia de que los líderes de este complot *temían al pueblo judío* si abusaban de Jesús.

> Buscaban la manera de arrestarlo, pero *temían a la gente* porque ésta lo consideraba un profeta.
>
> —MATEO 21:46, NVI, ÉNFASIS AÑADIDO

El sumo sacerdote y su círculo de conspiradores religiosos no tenían mandato alguno del pueblo; más bien, ellos temían al pueblo. Sin duda alguna, ellos no representaban al millón de judíos que vivían en Palestina en la época, y mucho menos a los millones de judíos que vivían en Egipto o estaban dispersados por todo el imperio romano. Aquellos secuaces religiosos eran un minúsculo grupo, conducidos por el sumo sacerdote para cumplir las órdenes de Roma.

¿Pero y la turba que gritó: "sea su sangre sobre nosotros y sobre nuestros hijos" (Mateo 27:25)? Algunos han utilizado eso como prueba escritural de que todos los judíos sobre la tierra son culpables para siempre de la sangre de Jesucristo y merecen castigo eterno del Todopoderoso. ¡No es así!

La verdad es que la marioneta política, Caifás, es quien *reunió y controló a la multitud*. Recordemos que aquello era un complot orquestado, no una expresión espontánea del pueblo. El apóstol Mateo, un testigo ocular, dice:

Pero los jefes de los sacerdotes y los ancianos *persuadieron a la multitud* a que le pidiera a Pilato soltar a Barrabás y ejecutar a Jesús.

—MATEO 27:20, NVI, ÉNFASIS AÑADIDO

¿Cómo persuadieron a la multitud? Los fariseos en la escuela de Hillel estaban furiosos porque Jesús no respaldaba la enseñanza de Shammai sobre "el divorcio por cualquier causa". No se necesitó ningún don de oratoria para reunir a un grupo de ellos para gritar a favor de la crucifixión de Jesús. Ellos no podrían haber sido más de unos cientos, y estuvieron más que contentos de hacerlo.

Cuando el Jesús crucificado resucitó de la muerte después de tres días, significó graves problemas para los teólogos locales. La corrupción moral de Caifás se manifestó una vez más. Él hizo grandes sobornos políticos a los guardias militares que guardaban el sepulcro, diciéndoles que mintieran sobre lo que había sucedido. Del relato de los testigos oculares leemos:

Después de reunirse estos jefes con los ancianos y de *trazar un plan*, les dieron a los soldados *una fuerte suma de dinero* y les encargaron: «*Digan que* los discípulos de Jesús vinieron por la noche y que, mientras ustedes dormían, se robaron el cuerpo. Y si el gobernador llega a enterarse de esto, *nosotros responderemos por ustedes* y les evitaremos cualquier problema».

—MATEO 28:12-14, NVI, ÉNFASIS AÑADIDO

Hay cinco puntos que no deben pasarse por alto en este importante versículo:

1. El sumo sacerdote era un conspirador.

2. Él era culpable de ofrecer a un soldado romano un soborno político, lo cual era un acto delictivo castigado con la muerte.

3. Él era un mentiroso que pagó a otras personas para que mintieran.

4. El soldado romano podría haber sido castigado con la muerte por dormirse en su puesto, pero el sumo sacerdote tenía tanta confianza en su conexión política con el gobernador romano que prometió "responder por él", y aseguró al soldado que él "le evitaría cualquier problema".

5. El hecho de que el sumo sacerdote estuviera políticamente conectado era de conocimiento público, pues si no el soldado romano nunca habría puesto su vida en peligro al aceptar el soborno y convertirse en parte de este complot religioso.

Consideremos también que Jesús mismo identificó a sus asesinos:

> Tomando Jesús a los doce, les dijo: He aquí subimos a Jerusalén, y se cumplirán todas las cosas escritas por los profetas acerca del Hijo del Hombre. Pues será *entregado a los gentiles* [los romanos], y será escarnecido, y afrentado, y escupido. Y después que le hayan azotado, *le matarán*; mas al tercer día resucitará.
> —LUCAS 18:31-33, ÉNFASIS AÑADIDO

El texto bíblico es perfectamente claro: Jesús fue crucificado por Roma como un insurrecto político que era considerado demasiado peligroso para que viviera. Él era una amenaza para el asidero de Herodes sobre Palestina y una amenaza para el sumo sacerdote. El complot entre el círculo íntimo de Herodes produjo la crucifixión romana de Jesucristo en el Calvario. No tuvo nada que ver con el pueblo judío como civilización.

El hecho histórico es que tres de cada cuatro judíos no vivía en lo que los romanos denominaban Palestina cuando Jesús comenzó su ministerio. Nueve de cada diez de los judíos que había en Palestina en aquella época vivían fuera de Jerusalén. Solamente unos cientos airados fariseos podrían posiblemente haber participado en el complot conducido por el sumo sacerdote.

La justicia de Dios nunca permitiría que el juicio por los pecados de un puñado de personas fuera transmitido a toda una civilización de personas. En el último aliento de su vida terrenal, Jesús perdonó hasta al sumo sacerdote y a sus conspiradores con: "Padre, perdónalos, porque no saben lo que hacen" (Lucas 23:34).

Si Dios ha perdonado, ¿por qué no pueden hacerlo los cristianos?

Los judíos no rechazaron a Jesús como Mesías

La mayoría de los evangélicos creen que los judíos rechazaron a Jesús como Mesías y, por tanto, se califican para el juicio eterno de Dios. Los teólogos de la sustitución han dicho que "el pacto con Israel fue roto porque *no aceptó a Jesucristo, a quien Dios envió*".[6]

¿Es esta afirmación sobre el pueblo judío bíblicamente cierta? ¡No! A fin de responder a esta afirmación errónea acerca de los judíos, deben responderse varias preguntas:

- ¿Rechazaron los judíos a Jesús como Mesías, o se negó Jesús a ser su Mesías?

- ¿Comunicaron las palabras de Jesús o sus actos el mensaje de que él quería ser el Mesías?
- ¿Querían los judíos que Jesús fuera su Mesías?
- ¿Cuál dice el texto bíblico que era el plan soberano de Dios para la vida de Jesucristo?

La voluntad soberana de Dios para Jesús

Cualquiera que lea la Biblia sabe que el Dios Todopoderoso tiene una voluntad soberana que ningún hombre o nación pueden cambiar o controlar. Eso también es cierto de la vida de Jesucristo. ¿Cuál era la voluntad soberana de Dios para su vida tal como se registra en la Escritura?

Cuando Jesús era aún un niño, el Espíritu Santo habló por medio de Simeón con respecto a la voluntad soberana de Dios para la vida de Jesús:

> Y movido por el Espíritu [Simeón], vino al templo. Y cuando los padres del niño Jesús lo trajeron al templo, para hacer por él conforme al rito de la ley, él le tomó en sus brazos, y bendijo a Dios, diciendo: Ahora, Señor, despides a tu siervo en paz, conforme a tu palabra; Porque han visto mis ojos tu salvación, La cual has preparado en presencia de todos los pueblos; *luz para revelación a los gentiles*, y gloria de tu pueblo Israel.
>
> —LUCAS 2:27-32, ÉNFASIS AÑADIDO

El Santo Espíritu de Dios anunció por medio de un profeta judío, Simeón, que el propósito soberano para la vida de Jesús era ser una *luz para los gentiles* (comparar Isaías 42:6).

Esa era una revelación sorprendente, porque los judíos consideraban impuros a los gentiles; ellos eran "alejados de la ciudadanía de Israel y ajenos a los pactos de la promesa, sin esperanza y sin Dios en el mundo" (Efesios 2:12).

El prejuicio de los discípulos contra los "impuros" gentiles politeístas era tan fuerte que se necesitó una reprensión divina del ángel del Señor para hacer que Pedro compartiera el evangelio con los gentiles en casa de Cornelio (Hechos 10:9-16). Cuando Pedro vio la sábana (que yo creo que en realidad era un chal de oración) bajar del cielo sujeta por sus cuatro puntas y la vio llena de "criaturas impuras", sintió repulsa. Por eso la Gran Comisión ordenó: "Id [judíos] por todo el mundo y predicad el evangelio a toda criatura...". Los gentiles eran considerados criaturas. Jesús hasta se refirió a los gentiles como perros. El mensaje del evangelio era de Israel, ¡no para Israel! Cuando Pedro obedeció al Señor y fue a la casa de Cornelio, la iglesia judía se enfureció de que él hiciera algo tan impensable (Hechos 15; Gálatas 2).

Juan el Bautista habla

Juan el Bautista les dijo a sus oyentes, cuando Jesús llegó al río Jordán para ser bautizado, "He aquí el *Cordero de Dios* que quita el pecado del mundo" (Juan 1:29).

Toda persona judía que oyó las palabras de Juan sabía que había una sola cosa que podía hacerse con un cordero joven: ¡matarlo! Juan el Bautista estaba afirmando que el propósito principal de la vida de Jesús era la cruz, no una corona. Él habló de la muerte de Jesús, no de su diadema.

Juan el apóstol describe a Jesús como "el Cordero inmolado desde antes de la fundación del mundo" (Apocalipsis 13:8). Fue la voluntad soberana de Dios para Jesús que muriera desde el comienzo mismo del tiempo. Si Jesús se hubiera permitido a sí mismo convertirse en el Mesías reinante para los judíos, habría perdido la voluntad soberana de Dios para su vida.

La teoría de la crisis

Los teólogos de la sustitución han creado una teoría de la crisis como callejón sin salida del Nuevo Testamento. La teoría de la crisis dice esto: "Dios tenía un plan A y un plan B para el ministerio de Jesucristo mientras estaba en la tierra. El plan A era que Jesús fuera el Mesías de Israel. El plan B era la cruz del Calvario. Como los judíos rechazaron a Jesús como Mesías, Dios no tuvo otra elección sino ir al plan B: la crucifixión".

¡Esto es completamente basura! En primer lugar, hace que un Dios soberano y todopoderoso esté sujeto a los caprichos y elecciones del hombre.

En segundo lugar, el texto bíblico hace desfilar a tres testigos delante de nosotros (Simeón, Juan el Bautista y Juan el escritor de Apocalipsis) que afirman claramente que el plan de Dios desde el comienzo era que Jesús muriera. Si Jesús no hubiera ido a la cruz, ni un solo gentil habría llegado nunca a la redención.

"¡He venido a morir!"

Cuando Jesús habló con Nicodemo, dijo: "Y como Moisés levantó la serpiente en el desierto, así es necesario que el Hijo del Hombre sea levantado" (Juan 3:14). Esta es una clara referencia a su muerte en la cruz.

Cuando María de Betania llegó y ungió los pies de Jesús, él dijo: "Esta ha hecho lo que podía; porque se ha anticipado a ungir mi cuerpo para la sepultura" (Marcos 14:8). Jesús les dijo a sus discípulos: "Así está escrito, y así fue necesario que el Cristo padeciese, y resucitase de los muertos al tercer día" (Lucas 24:46). Es obvio por el texto bíblico que la voluntad de Dios para Jesús era morir en la cruz y que Jesús llevara a cabo esa tarea con gozo (Hebreos 12:2).

Ahora deben establecerse cinco puntos principales que son cruciales para entender que los judíos no rechazaron a Jesús como Mesías.

1. Jesús tenía que vivir para ser el Mesías.
2. Si era la voluntad de Dios para Jesús que muriera desde un principio...
3. Si era la intención de Jesús ser obediente hasta la muerte...
4. Si no hay un solo versículo de la Escritura en el Nuevo Testamento que diga que Jesús vino a ser el Mesías...
5. Y si Jesús se negó con sus palabras o actos a afirmar ser el Mesías para los judíos, entonces, *¿cómo se puede culpar a los judíos de rechazar lo que nunca se ofreció?*

"¡Danos una señal!"

Los judíos estaban acostumbrados a que sus líderes demostraran su llamado de Dios con señales sobrenaturales. Cuando Dios llamó a Moisés en el desierto a ir a Egipto y sacar de la esclavitud a millones de esclavos hebreos, Dios le dio a Moisés cuatro señales para convencer a los hijos de Israel de que él era su *Mesías*.

La primera señal que Dios dio a Moisés fue que Moisés mismo verificara que él era ciertamente el ungido de Dios. Dios mandó a Moisés que lanzara a tierra su vara de pastor, y se convirtió en una serpiente, haciendo que Moisés huyera de ella. ¡Cualquier duda que Moisés pudiera tener se había esfumado! Él sabía que era el ungido de Dios para derrocar a Egipto y conducir al pueblo judío a la Tierra Prometida.

Las siguientes dos señales que Dios dio a Moisés fueron para convencer a los hijos de Israel de que Moisés era su mesías. Dios le dijo a Moisés que pusiera su mano en su seno. Él lo hizo, e instantáneamente se llenó de lepra. Dios ordenó a Moisés que metiera la mano en su seno una segunda vez. Él lo hizo, y su mano fue restablecida "como la otra carne" (Éxodo 4:7).

Dios continuó con sus instrucciones a Moisés diciendo: "Si aconteciere que no te creyeren ni obedecieren a la voz de la primera señal, creerán a la voz de la postrera" (versículo 8). Los judíos habían estado en esclavitud más de cuatrocientos años, y era imperativo para el plan soberano de Dios que los judíos reconocieran a Moisés como su mesías.

Por esa razón Dios dio a Moisés una cuarta señal que convencería al judío más escéptico que hubiera en Egipto.

> Y si aún no creyeren a estas dos señales, ni oyeren tu voz, tomarás de las aguas del río y las derramarás en tierra; y se cambiarán aquellas aguas que tomarás del río y se harán sangre en la tierra.
>
> –Éxodo 4:9

Moisés utilizó esas cuatro señales para convencer a los hijos de Israel, que habían estado en esclavitud durante cuatrocientos años, de que él era el líder o mesías ungido de Dios.

Si Dios hubiera querido que Jesús fuera el Mesías de Israel, ¿por qué no autorizó a Jesús para utilizar señales sobrenaturales para demostrar que era el Mesías de Dios, como Moisés había hecho? Los judíos, conociendo las señales de Moisés para Israel, pidieron una señal sobrenatural de que Jesús era ciertamente su Mesías. Jesús respondió:

> Señal no le será dada, sino la señal del profeta Jonás. Porque como estuvo Jonás en el vientre del gran pez tres días y tres noches, así estará el Hijo del Hombre en el corazón de la tierra tres días y tres noches.
>
> —Mateo 12:39–40

Jesús se negó a dar una señal. Él solamente se comparó a sí mismo con el profeta Jonás, quien llevó el mensaje de Dios de arrepentimiento a los gentiles en Nínive. Jesús estaba diciendo de nuevo: "He venido a llevar un mensaje de Dios a los gentiles, y estará en mi sepulcro tres días y tres noches como Jonás estuvo en el vientre del pez tres días y tres noches".

Jesús le dio a Pedro, a veces llamado Simón Pedro (o sólo Simón) una comisión a los gentiles con las palabras: "Bendito eres tú, Simón bar Jonás" (Mateo 16:17). No se estaba refiriendo al padre de Simón, sino al profeta Jonás, quien, como judío, con renuencia llevó el mensaje de Dios a los ninivitas, que eran gentiles.

Pedro era el mensajero judío que, como Jonás, llevaría el mensaje del evangelio a los gentiles en casa de Cornelio. Cuando el ángel del Señor encontró a Pedro, él estaba en un tejado en Jope, la misma ciudad donde Jonás había huido para evitar ir a Nínive. Ambos hombres fueron de Jope a los gentiles, ambos hombres fueron obligados por Dios a ir, y ambos tuvieron mucho éxito.

Herodes pide una señal

Cuando Jesús fue juzgado, Herodes, "hacía tiempo que deseaba verle... y esperaba verle hacer alguna señal" (Lucas 23:8). Jesús se negó a producir una señal para el liderazgo nacional de Israel en un intento de demostrar que Él era el Mesías porque no era la voluntad del Padre, ni la suya, que fuera el Mesías. La repetida respuesta de Jesús al pueblo judío que le instaba a que fuera su Mesías fue: "Mi reino no es de este mundo" (Juan 18:36).

"¡No le digan a nadie!"

Si Jesús quería ser Mesías, ¿por qué repetidamente les decía a sus discípulos y seguidores que "no le dijeran a nadie" acerca de sus logros sobrenaturales? ¡Piénselo! Si el hombre estuviera tratando de obtener atención nacional para recabar el apoyo del público general para el derrocamiento de la poderosa Roma, no estaría por el país diciendo: "¡No le digan a nadie!".

Él se habría conducido como cualquier otro político que haría cualquier cosa que la mente del hombre pudiera imaginar para darlo en las noticias de la noche. El nombre del juego es crear conciencia pública. Que la gente sepa quién eres y lo que te propones hacer.

¿Qué hizo Jesús?

Hay setenta y cuatro ocasiones en los cuatro Evangelios en que Jesús lanzó una toalla mojada sobre su popularidad al enseñar a quienes estaban emocionados por que él fuera el Mesías que "no lo dijeran a nadie". El pueblo quería que él fuera su Mesías, pero él se negó de plano.

Cuando Jesús sanó al leproso, le dijo: "Vete y no se lo digas a nadie" (Mateo 8:1-4). Cuando expulsó espíritus malos de las multitudes que le seguían y ellos clamaron diciendo: "Tú eres el Hijo de Dios", Jesús no les permitió que hablasen, porque "ellos sabían que Jesús era el Cristo" (Lucas 4:41). Cuando resucitó de la muerte a la hija de Jairo, les dijo a los padres de la niña muerta: "no le digan a nadie lo que ha sucedido" (Marcos 7:36). Cuando sanó al hombre ciego en Betsaida escupiendo en su ojo, le ordenó diciendo: "No entres en la aldea, ni lo digas a nadie en la aldea" (Marcos 8:26). Cuando Jesús sanó a dos hombres ciegos en Mateo 9, "les encargó rigurosamente, diciendo: Mirad que nadie lo sepa" (versículo 30).

Cuando el impetuoso Pedro ya no pudo soportarlo más, dijo: "Tú eres el Cristo". En otras palabras: "¡Tú eres el ungido! Tú eres el Mesías que conducirá a los judíos en su revuelta contra Roma". Pero Jesús estrictamente advirtió a sus discípulos "que no dijesen esto de él a ninguno" (Marcos 8:29-30).

Después de la transfiguración, donde los discípulos oyeron a Moisés hablar con Jesús y la voz de Dios habló desde la nube, diciendo: "Este es mi Hijo amado", Jesús mandó a sus discípulos cuando descendían del monte "que a nadie dijesen lo que habían visto, sino cuando el Hijo del Hombre hubiese resucitado de los muertos" (Marcos 9:1-9).

¿Por qué él constantemente ordenaba a quienes estaban emocionados por sus capacidades sobrenaturales que "no lo dijeran a nadie"? Los judíos no estaban rechazando a Jesús como Mesías; fue Jesús quien se negaba a ser el Mesías de los judíos.

Judíos por Jesús

Había muchos "judíos por Jesús" cuando Cristo alimentó a cinco mil hombres y sus familias con dos panes cinco sardinas.

Cualquiera que pudiera alimentar a tanta gente con tan poco podría alimentar a un ejército que pudiera luchar contra Roma. Cualquiera que pudiera sanar de lepra podría sanar a un soldado herido en combate. Cualquiera que pudiera resucitar a Lázaro de la muerte podía resucitar a un soldado muerto que luchara en su ejército. Ese nazareno tenía algo a su favor que Roma no podía igualar. No nos equivoquemos: había números multiplicados de judíos por Jesús mientras él caminara sobre el agua, alimentara a las masas y resucitara muertos.

Él realizó esos milagros para ministrar a las necesidades de la gente; no tenían la intención de ser una demostración de señales sobrenaturales para demostrar que él era el Mesías. Todos los milagros que Jesús hizo por la gente, ellos lo habían visto antes en el Antiguo Testamento. Las señales que Moisés utilizó para verificar que era ciertamente el líder de Dios para Israel nunca se habían visto antes.

Los multiplicados miles que seguían a Jesús no renunciaron a la idea de que él sería su Mesías hasta que lo vieron colgando de una cruz romana. Aun después de su resurrección y de sus repetidas negaciones de que él no sería su Mesías, sus discípulos seguían aferrándose al último hilo de esperanza de que él aplastara a Roma (Hechos 1:6). Ellos querían que él fuera su Mesías, pero él se negó de plano.

La prepotente madre

La madre de Santiago y Juan quería que Jesús fuera Mesías. Justamente hasta que la sombra de su cruz cayó sobre las ensangrentadas arenas del Calvario, la madre de Santiago y Juan realizó una ofensiva, tratando de hacer que Jesús estuviera de acuerdo en situar a sus dos hijos a su mano derecha e izquierda cuando estableciera su reino (Mateo 20:20-28).

Ella no estaba pensando en una cruz romana; estaba pensando en posiciones de influencia y poder para sus hijos en un reino político terrenal. Cuando Jesús derrotara a Roma como el Mesías judío, dando entrada a una era de paz universal, ella quería a sus hijos en posiciones de poder.

¿Cuál fue la respuesta de Jesús?

Él miró a esa presuntuosa madre judía y le dijo: "No sabes lo que pides para tus dos hijos. Yo no he venido para ser servido [gobernar]; ¡vine a morir!".

Dos discípulos en el camino de Emaús

Los dos discípulos en el camino de Emaús (situado unos diez kilómetros fuera de Jerusalén) querían que Jesús fuera el Mesías. Lucas menciona a uno de ellos por nombre: Cleofás, el padre de Santiago el Menor. El otro discípulo que caminaba junto a él puede que fuera su esposa, María. Mientras caminaban, Jesús mismo se unió a ellos, pero ellos no le reconocieron.

—¿Qué vienen discutiendo por el camino? —les preguntó.

uno de ellos, llamado Cleofas, le dijo: —¿Eres tú el único peregrino en Jerusalén que no se ha enterado de todo lo que ha pasado recientemente?

—¿Qué es lo que ha pasado? —les preguntó.

Lo de Jesús de Nazaret. Era un profeta, poderoso en obras y en palabras delante de Dios y de todo el pueblo. Los jefes de los sacerdotes y nuestros gobernantes lo entregaron para ser condenado a muerte, y lo crucificaron; *pero nosotros abrigábamos la esperanza de que era él quien redimiría a Israel.*

–Lucas 24:17-21, NVI, ÉNFASIS AÑADIDO

Los dos discípulos en el camino de Emaús no habían rechazado a Jesús como Mesías; ¡sus esperanzas estaban destruidas!

Solamente le reconocieron cuando Jesús entró en su casa para tener comunión, ya que era avanzada la noche. Cuando él se sentó a su mesa, levantando sus manos para bendecir y partir el pan, ellos reconocieron a Jesús. Él al instante desapareció (Lucas 24:30-35). Él se negó a ser su Mesías, escogiendo en cambio ser el Salvador del mundo.

La última cena

Los cristianos tienen poco entendimiento de nuestras raíces judías y se confunden cuando hablan de la última cena y la Pascua. La mayoría piensan que son una sola cosa y la misma. No lo son.

Hay cuatro días de preparación para la Pascua, que comienzan el día décimo de Nisán. A la puesta de sol del día décimo del mes, comienza una serie de tres cenas, todas las cuales se sirven con pan con levadura y alimentos fermentados.

La primera cena el décimo día del mes se denomina "la Fiesta de la primera noche". La segunda cena servida en el día undécimo del mes se denomina "la Fiesta de la segunda noche". La tercera cena, que se sirve el duodécimo día del mes, se denomina "la Fiesta de la tercera noche". La noche siguiente, el día decimotercero del mes a la puesta del sol, se comía la última cena con pan con levadura y alimentos fermentados antes de la Pascua, que era a la noche siguiente, el día decimocuarto de Nisán o abril. La última cena donde podían servirse pan con levadura y alimentos fermentados se denominaba la Última Cena. Es la noche antes de la Pascua y está separada en propósito y significado.

El apóstol Juan describe a Jesús mojando el pan con levadura que Judas tomó antes de abandonar la última cena para traicionar al Señor. Mientras que los otros Evangelios mencionan artículos de la Pascua, Juan verifica que la traición tuvo lugar en el momento de la última cena. No podía haber sido la Pascua, porque el sumo sacerdote que pagó treinta monedas de plata a Judas nunca habría ejecutado ningún tipo de transacción económica en un día tan santo.

Después de comer la última cena en la cual fue traicionado, Jesús celebró la Pascua la noche siguiente a la puesta del sol con sus discípulos, menos Judas. Fue allí cuando él finalmente rechaza por última vez ser el Mesías de Israel.

He tenido el privilegio de unirme a la congregación Congregation Rodfei Sholom en San Antonio para la celebración de la Pascua con el rabí Aryeh Scheinberg. Se sirven cuatro copas de vino en la Pascua con una comida que simbolizaba las lágrimas y el sufrimiento de los esclavos hebreos en Egipto.

- La primera copa es la copa de Recuerdo.

- La segunda copa es la copa de Redención.

- La tercera copa es la copa de Salvación.

- La cuarta copa es la copa del Mesías.

Cuando Jesús y sus discípulos llegaron a la copa final durante la última celebración de la Pascua, Jesús *se negó a beber* la copa del Mesías. Les dijo a sus discípulos: "Tomen esto [la copa del Mesías] y repártanlo entre ustedes. Les digo que no volveré a beber del fruto de la vid hasta que venga el reino de Dios" (Lucas 22:17-18).

Al negarse a beber la copa, Jesús rechazó hasta el último detalle el papel de Mesías en palabra u obra. Los judíos no rechazaron a Jesús como Mesías; fue Jesús quien rechazó el deseo de los judíos de que él fuera su Mesías.

La Iglesia no ha sustituido a Israel

Los teólogos de la sustitución enseñan que Dios ha terminado con Israel. Según su punto de vista, Israel ha sido rechazado y sustituido por la iglesia para llevar a cabo la obra una vez confiada a Israel. El pueblo judío ha dejado de ser el pueblo de Dios, y la iglesia es ahora el Israel espiritual.

Esta idea errónea está arraigada en el antisemitismo teológico que comenzó en el primer siglo. Como dije antes, los primeros cristianos que recibieron la Gran Comisión de ir por todo el mundo y predicar el evangelio "a toda criatura" eran judíos. Las "criaturas" eran los impuros gentiles.

El apóstol Pablo afirma claramente que antes de que los judíos llevasen el evangelio a los gentiles, los gentiles caminaban en total oscuridad espiritual.

> En aquel tiempo estabais sin Cristo, alejados de la ciudadanía de Israel y ajenos a los pactos de la promesa, sin esperanza y sin Dios en el mundo. Pero ahora en Cristo Jesús, vosotros que en otro tiempo estabais lejos, habéis sido hechos cercanos por la sangre de Cristo. Porque él es nuestra paz, que de ambos pueblos hizo uno, derribando la pared intermedia de separación.
> —Efesios 2:12–14

La enseñanza de que "la iglesia es el nuevo Israel" se originó en el primer siglo porque los convertidos gentiles resentían la prioridad del pueblo judío en los planes de Dios. La arrogancia y el orgullo hacen que esta teología del odio se desarrolle en la actualidad. Apela al ego a decir: "¡Nosotros somos el único pueblo de Dios!".

La teología de la sustitución no es una nueva revelación; es una vieja herejía. El autor de las Epístolas de Ignacio de Antioquia (ca. 70-107) presenta a la iglesia como "la nueva Israel". También retrata a los profetas y héroes de Israel como "cristianos antes de su época" y no parte de la religión judía.

Quienes enseñan que la iglesia es la nueva Israel deben utilizar el método *alegórico* de interpretación de la Escritura. No es posible examinar las afirmaciones *literales e históricas* del texto bíblico y llegar a la conclusión de que Dios ha terminado con Israel y que la iglesia ha ocupado su lugar.

La Escritura indica claramente que la iglesia (el Israel espiritual) y el Israel nacional existen lado a lado, y ninguno sustituye al otro; *¡jamás!* Las siguientes son algunas maneras de responder cuando la gente trate de decirle que los cristianos y la iglesia han sustituido a los judíos.

"Consolaos, pueblo mío"

Hay dos Israel en la Escritura. Uno es un Israel físico, con un pueblo físico, una Jerusalén física, y fronteras físicas que están claramente definidas en la Escritura. Hay también un Israel espiritual, con un pueblo espiritual y una Nueva Jerusalén espiritual. El Israel espiritual (la iglesia) puede tener las bendiciones del Israel físico, pero no sustituye al Israel físico en los planes de Dios.

Esto se ve claramente en Isaías 40:1, que afirma: "*Consolaos, consolaos, pueblo mío, dice vuestro Dios,*" (énfasis añadido) .

Debe hacerse la pregunta: "¿Quién es este 'os' del versículo?". Es plural, así que no es una persona; es un cuerpo de personas. "Pueblo mío" es también plural. Hay, de hecho, dos grupos de personas en este versículo. Un grupo está siendo consolado, y el otro es el consolador.

La lógica común nos dirá que uno no puede ser el que está *siendo consolado* y también ser el *consolador*. El pueblo que está siendo consolado en este versículo es el "pueblo mío", que es el Israel físico. Quien está consolando (se le insta a "consolaos") es el Israel espiritual: la iglesia. Estos dos Israel no se fusionarán ni un solo día antes del momento en que el Mesías venga literalmente a la ciudad física de Jerusalén.

Los teólogos de la sustitución en América están predicando "que si los cristianos dejaran de apoyar a Israel y boicotearan económicamente a los judíos, que rechazaron a Cristo, ellos aceptarán a Jesucristo".[7] Además de causar una regresión a la calidad de vida de la Edad Media, un boicot económico de Israel no va a dar como resultado una conversión masiva de judíos. Esta lógica antisemita desafía e ignora tanto la Historia como la Biblia.

Los cruzados atacaron económicamente a los judíos y les robaron hasta su última moneda en nombre de Dios. Los judíos no se convirtieron en cristianos. Los líderes de la Inquisición española robaron a los judíos su riqueza mientras iglesia y estado se repartían el botín. Los judíos no se convirtieron en cristianos. Adolfo Hitler causó la ruina económica a los judíos al prohibirles tener trabajos, destruyendo sus negocios en el infame Kristallnacht, y luego les cobraron miles de millones de marcos para reparar el daño que infligieron sus matones nazis. Los judíos no se convirtieron en cristianos. Seis millones de ellos fueron sistemáticamente masacrados, y mientras caminaban hacia la cámara de gas, cantaban "Hatkivah", y no "Sublime Gracia". Ellos no se convirtieron en cristianos.

Es momento de que los cristianos en todo lugar reconozcan que la nación de Israel nunca se convertirá al cristianismo y se unirá a la iglesia bautista de su ciudad.

- Sí, todo Israel será salvo (Romanos 11:26).

- Sí, Israel mirará al Mesías y le aceptará (Zacarías 12:10).

- Sí, Israel será perdonada de todo pecado (Romanos 11:27).

Pero la idea de que los judíos del mundo vayan a convertirse y entrar en masa por las puertas de las iglesias cristianas es un mito. Después de dos mil años de un cristianismo sin amor, sin ley y antisemita que ha saturado el suelo de la tierra de su sangre en las Cruzadas, la Inquisición y el Holocausto, ellos no se van a convertir. Después de dos mil años de una teología de sustitución antisemita que dice: "la iglesia es el verdadero Israel", negando así a los judíos su lugar legítimo en los planes de Dios, ellos no se van a convertir.

¿Dónde está el cristianismo que dice: "ama a tu prójimo como a ti mismo"? ¿Dónde está el cristianismo que dice: "el amor no le hace daño al prójimo"? ¿Dónde está el cristianismo que sigue la amonestación de Cristo de "amaos unos a otros como yo os he amado"? No son los judíos y el judaísmo quienes han perdido credibilidad; es un cristianismo sin amor el que ha perdido la credibilidad. Los judíos preguntan: "¿Era Jesús un falso mesías?". Nadie puede ser el verdadero Mesías si sus seguidores se sienten obligados a odiar, asesinar, robar y violar durante dos mil años y después proclamar con descaro: "Nosotros somos el pueblo de Dios".

Rabinos sinceros me han preguntado: "Si Jesús es el verdadero Mesías, el príncipe de paz, ¿por qué los cristianos siempre luchan los unos contra los otros?". No tengo ninguna respuesta inteligente.

Si hay sustitución, ¿por qué nacer de nuevo?

Durante mil ochocientos años los líderes cristianos vociferaron que "la iglesia es el nuevo Israel". Para demostrar que Dios había dado la espalda a los judíos, ellos señalaban a los judíos vagabundos y atormentados de la Diáspora, diciendo: "Si Dios está con ellos, ¿por qué les ha sucedido eso?".

Olvidan que los judíos estuvieron viviendo la mayor parte en estados papales controlados por la iglesia de Roma. Vivían sin derechos, sin propiedades, sin indemnizaciones legales, y sin dignidad humana en un ambiente creado por las leyes de la iglesia romana.

Los teólogos de la sustitución ignoran un hecho fundamental en el texto bíblico. Cuando Dios sustituye algo, *nunca más se vuelve a oír de eso*. Está doblemente muerto, arrancado de raíz, y desechado para ser quemado y para siempre olvidado.

El día 15 de mayo de 1948, un terremoto teológico niveló la teología de la sustitución cuando el Israel nacional renació después de casi dos milenios de haber vagado. Desde los cuatro extremos de la tierra la semilla de Abraham comenzó a regresar a la tierra de sus padres. Regresaron desde "sus sepulcros gentiles", hablando setenta idiomas diferentes, y fundaron una nación que se convirtió en una superpotencia en pocas décadas. Israel no está muriendo; se está edificando, creciendo, inventando y desarrollando. El desierto está floreciendo como la rosa, tal como los profetas de Israel prometieron.

Si Dios hubiera terminado con los judíos y con Israel, si ellos fueran en verdad una reliquia olvidada del pasado sin propósito ni destino divinos, ¿por qué permitió Él que esa nación renaciera milagrosamente? Si es sustituida, ¿por qué nacer de nuevo?

Su nuevo nacimiento fue prueba viva y profética de que Israel no ha sido sustituido. Ellos fueron "renacidos en un día" (Isaías 66:8) para formar el Estado de Israel, el cual perdurará hasta la venida del Mesías.

Los profetas rebatieron la teología de la sustitución

Si Israel como nación no hubiera renacido, si los judíos no hubieran regresado a la tierra, si las ciudades de Israel no hubieran sido reconstruidas, si Judea y Samaria (la Franja Occidental) no hubieran sido ocupadas, si los árboles que los turcos talaron no hubieran sido replantados, si los logros agrícolas de Israel no hubieran sido milagrosos, entonces habría una razón válida para que cada persona dudara de que la Palabra de Dios es verdad. Pero escuchemos a los profetas de Dios declarar su intención para que los judíos del mundo volvieran a habitar Israel.

Isaías habla

> No temas, porque yo estoy contigo; del oriente traeré tu generación, y del occidente te recogeré. Diré al norte: Da acá; y al sur: No detengas; trae de lejos mis hijos, y mis hijas de los confines de la tierra.
>
> —Isaías 43:5-6

Y los redimidos de Jehová volverán, y vendrán a Sion (Jerusalén) con alegría; y gozo perpetuo será sobre sus cabezas; y tendrán gozo y alegría, y huirán la tristeza y el gemido.

–ISAÍAS 35:10

Reedificarán las ruinas antiguas, y levantarán los asolamientos primeros, y restaurarán las ciudades arruinadas, los escombros de muchas generaciones.

–ISAÍAS 61:4

Yo Jehová, que lo hago todo, que extiendo solo los cielos, que extiendo la tierra por mí mismo... que dice a Jerusalén: Serás habitada; y a las ciudades de Judá: Reconstruidas serán, y sus ruinas reedificaré.

–ISAÍAS 44:24, 26

Ezequiel habla

Así ha dicho Jehová el Señor: Cuando recoja a la casa de Israel de los pueblos entre los cuales está esparcida, entonces me santificaré en ellos ante los ojos de las naciones, y habitarán en su tierra, la cual di a mi siervo Jacob. Y habitarán en ella seguros, y edificarán casas, y plantarán viñas, y vivirán confiadamente, cuando yo haga juicios en todos los que los despojan en sus alrededores; y sabrán que yo soy Jehová su Dios.

–EZEQUIEL 28:25–26

No serán más por despojo de las naciones, ni las fieras de la tierra las devorarán; sino que habitarán con seguridad, y no habrá quien las espante. Y levantaré para ellos una planta de renombre, y no serán ya más consumidos de hambre en la tierra, ni ya más serán avergonzados por las naciones. Y sabrán que yo Jehová su Dios estoy con ellos, y ellos son mi pueblo, la casa de Israel, dice Jehová el Señor.

—EZEQUIEL 34:28–30

Di, por tanto: Así ha dicho Jehová el Señor: Yo os recogeré de los pueblos, y os congregaré de las tierras en las cuales estáis esparcidos, y os daré la tierra de Israel... Y les daré un corazón, y un espíritu nuevo pondré dentro de ellos.

—EZEQUIEL 11:17, 19

Así ha dicho Jehová el Señor: He aquí, yo tomo a los hijos de Israel de entre las naciones a las cuales fueron, y los recogeré de todas partes, y los traeré a su tierra; y los haré una nación en la tierra, en los montes de Israel, y un rey será a todos ellos por rey; y nunca más serán dos naciones, ni nunca más serán divididos en dos reinos. Ni se contaminarán ya más con sus ídolos, con sus abominaciones y con todas sus rebeliones; y los salvaré de todas sus rebeliones con las cuales pecaron, y los limpiaré; y me serán por pueblo, y yo a ellos por Dios. Mi siervo David será rey sobre ellos, y todos ellos tendrán un solo pastor; y andarán en mis preceptos, y mis estatutos guardarán, y los pondrán por obra. Habitarán en la tierra que di a mi siervo Jacob, en la cual habitaron vuestros padres; en ella habitarán ellos, sus hijos y los hijos de sus hijos para siempre; y mi siervo David será príncipe de ellos para siempre. Y haré con ellos pacto de paz, pacto perpetuo será con ellos; y los estableceré y los multiplicaré, y pondré mi santuario entre ellos para siempre. Estará en medio de ellos mi tabernáculo, y seré a ellos por Dios, y ellos me serán por pueblo. Y sabrán las naciones que yo Jehová santifico a Israel, estando mi santuario en medio de ellos para siempre.

—EZEQUIEL 37:21–28

Jeremías habla

He aquí yo hago volver los cautivos de las tiendas de Jacob, y de sus tiendas tendré misericordia, y la ciudad será edificada sobre su colina, y el templo será asentado según su forma.

–JEREMÍAS 30:18

Oíd palabra de Jehová, oh naciones... El que esparció a Israel lo reunirá y guardará... Porque Jehová redimió a Jacob, lo redimió de mano del más fuerte que él. Y vendrán con gritos de gozo en lo alto de Sion.

—Jeremías 31:10-12

Yo haré volver del cautiverio a mi pueblo Israel y Judá, y los traeré a la tierra que di a sus antepasados, y la poseerán... no te asustes, Israel —*afirma el Señor*—... te libraré de ese país lejano; a tus descendientes los libraré del exilio... "¡Salva, Señor, a tu pueblo; salva al remanente de Israel! Yo los traeré del país del norte; los reuniré de los confines de la tierra.

—Jeremías 30:3, 10; 31:7-8, NVI

Zacarías habla

Y estoy muy airado contra las naciones que están reposadas; porque cuando yo estaba enojado un poco, ellos agravaron el mal. Por tanto, así ha dicho Jehová: Yo me he vuelto a Jerusalén con misericordia; en ella será edificada mi casa, dice Jehová de los ejércitos, y la plomada será tendida sobre Jerusalén. Clama aún, diciendo: Así dice Jehová de los ejércitos: Aún rebosarán mis ciudades con la abundancia del bien, y aún consolará Jehová a Sion, y escogerá todavía a Jerusalén.

—Zacarías 1:15-17

Jesús refuta la teología de la sustitución

Jesús fue el mayor maestro de las edades. Nos dio tres sermones (Mateo 24, Marcos 13 y Lucas 21) que son proféticos en naturaleza. Estos pasajes presentan los eventos del futuro en orden cronológico desde el momento en que Él los pronunció hasta su segunda venida. En Mateo 24 los discípulos le hacen tres preguntas a Jesús:

1. "¿Cuándo sucederán estas cosas?". Esta pregunta se refería a la destrucción del templo que Él y los discípulos acababan de abandonar. Jesús respondió en Lucas 21:20: "Pero cuando viereis a Jerusalén rodeada de ejércitos, sabed entonces que su destrucción ha llegado". Esto sucedió en el año 70 d.C., cuando el general romano Tito destruyó Jerusalén.
2. "¿Cuál será la señal de tu venida?"
3. "¿Y del final de los tiempos?". Este mundo tal como lo conocemos está llegando a su fin a pesar de la errónea teología que dice que la iglesia va a ser tan victoriosa que daremos entrada al Milenio. Pablo dice en Gálatas 1:4: "...el cual [Jesucristo] se dio a sí mismo por nuestros pecados para *librarnos* del presente siglo malo, conforme a la voluntad de nuestro Dios y Padre (énfasis añadido).

Pasemos a Mateo 24:15, donde Jesús describe la Gran Tribulación que vendrá sobre la tierra. Este versículo supone que Israel es "casa" y tiene el control de los lugares santos. Jesús les dijo: "Por tanto, cuando veáis en el lugar santo la abominación desoladora de que habló el profeta Daniel...".

El "lugar santo" es el templo en Jerusalén, y según este versículo, los judíos tienen el control del templo. ¿Cómo podrían ellos controlar el templo sin tener el control de Jerusalén? ¿Cómo podrían tener el control de Jerusalén si fueran sustituidos?

Jesús continúa diciendo: "entonces los que estén en Judea, huyan a los montes" (Mateo 24:16).

Judea es parte de lo que ahora se denomina la Franja Occidental. La afirmación de Jesús supone que en los últimos tiempos los judíos estarían viviendo en la Franja Occidental. Jesús está describiendo en los versículos 16-20 una evacuación general de la población en Jerusalén y en los alrededores de un ataque militar.

Jesús está diciendo: "Cuando se produzca ese ataque militar, no vayan a Jerusalén, que está a cinco minutos de distancia, por seguridad. Tienen menos de cinco minutos para salvar sus vidas. Huyan a los montes como asunto de defensa civil".

Luego les dice:

> El que esté *en la azotea*, no descienda para tomar algo de su casa; y el que esté *en el campo*, no vuelva atrás para tomar su capa.
> —MATEO 24:17-18, ÉNFASIS AÑADIDO

Los tejados en Israel entonces y ahora son planos. La gente almacena cosas en el tejado y a veces duerme allí. Hay una escalera exterior hasta el suelo. Jesús está diciendo: "Cuando se produzca ese ataque militar, no carguen con nada al descender del tejado. ¡Solo corran para salvarse!".

Los campos en Israel a poca distancia de la casa, podían verse desde allí. Jesús dijo: "Cuando suceda esto, ni siquiera vayan a la casa para recoger su ropa". ¿Por qué? No habrá tiempo.

Pensemos en la situación en Israel actualmente. No hay mucho tiempo para que la gente huya de los cohetes Katyusha que llegan lanzados por Hezbolá o de los grupos terroristas en Líbano o Siria. Los cohetes tardan menos de cinco minutos en alcanzar Jerusalén.

Jesús continúa con esto:

> Mas ¡ay de las que estén encintas, y de las que críen en aquellos días! Orad, pues, que vuestra huida no sea en invierno ni en día de reposo.
> —MATEO 24:19–20

¿Por qué mencionar la tristeza o dolor de quienes estén embarazadas o criando bebés? Porque su escape será mucho más difícil. ¿Por qué orar para que la escapada no sea en invierno? Por la misma razón; sería mucho más difícil.

¿Por qué orar para que la escapada no sea en día de reposo? Este versículo una vez más supone que los judíos religiosos tienen el control del gobierno en Israel y las leyes del Sabat están estrictamente en vigor. En Sabat en Israel, ¡todo cierra! No hay transportes. Hasta los elevadores en los hoteles y en los apartamentos en últimos pisos cierran a menos que estén controlados electrónicamente.

Un ataque con cohetes de Hamás o Hezbolá sobre Jerusalén cuando no hay transportes y cuando hasta los elevadores están cerrados conduciría a un desastre.

Jesús confirma que esos terribles días de tribulación sucederán cuando los judíos estén de regreso en Israel:

> Y si aquellos días no fuesen acortados, nadie sería salvo; mas *por causa de los escogidos,* aquellos días serán acortados.
> —MATEO 24:22, ÉNFASIS AÑADIDO

Los escogidos en este versículo son el pueblo judío.

Si los profetas y Jesús estaban seguros de que Israel regresaría a la tierra, si ellos estaban seguros de que Israel no había sido desechado y sustituido en los planes de Dios, ¿cómo es que los teólogos estadounidenses de la sustitución no pueden verlo? Quizá sea la ceguera de la arrogancia narcisista.

El viejo pacto no está muerto

La teología de la sustitución expresa el concepto de que el Viejo Pacto, o Antiguo Testamento, ha sido sustituido por el Nuevo

Testamento. En muchas iglesias, el Antiguo Testamento se presenta de manera que se sugiere que es un acercamiento inferior a Dios. Se ofrece como un registro de justicia dura y legalista sin misericordia que fomenta temor sin compasión. La insinuación es que debería ser descartado por los cristianos del Nuevo Testamento que tienen una luz y un amor superiores.

¿Necesitamos que se nos recuerde que la amorosa teología del Nuevo Testamento, como fue traducida por los padres de la iglesia romanos, es la que patrocinó las Cruzadas, la Inquisición, y finalmente produjo el Holocausto?

Los teólogos de la sustitución nos dicen: "El Viejo Pacto debe igualmente enterrarse. Dios no puede, no lo ha hecho, nunca antes y nunca después estará en pacto con más de un pueblo".[8]

¿Es eso lo que la Biblia enseña? Ciertamente no. Esa es una afirmación errónea que se utiliza para promover mentiras antisemitas en la iglesia. Para responder a otros que le presenten esta errónea afirmación, es importante comenzar con una explicación de los pactos bíblicos.

¿Qué es un pacto?

En la Biblia, el significado de pacto está envuelto en la palabra hebrea *berith*. Significa un contrato, un testamento, o un vínculo. Un pacto en la Escritura no puede ser revocado, alterado, anulado o sustituido por un nuevo pacto. Un nuevo pacto puede reforzar, extender, o complementar el pacto anterior, pero nunca sustituye al pacto anterior.

El Antiguo Testamento es la voluntad de Dios oculta; el Nuevo Testamento es la voluntad de Dios revelada. La Palabra de Dios comienza en Génesis 1:1, no en Mateo capítulo 1.

Un pacto no debe confundirse con un voto. Un voto puede romperse por ciertas condiciones de revocación. Un pacto, una vez que se pronuncia y existe, es para siempre.

Se registran tres tipos de pactos en la Escritura:

1. Pacto de zapato (Rut 4:7)
2. Pacto de sal (Levítico 2:13; Números 18:19)
3. Pacto de sangre (Génesis 15:7-18; Mateo 26:28)

El pacto de zapato

El tipo más común de pacto era el pacto de zapato. Siempre que alguien en Israel quería entrar en un contrato para realizar una tarea concreta, le daba su zapato o sandalia a la persona que entraba en el pacto con él.

Si ha estado usted en Israel, sabrá que es imposible ir muy lejos sin sus zapatos. El terreno está cubierto de piedras cortantes y dentadas y de arena muy caliente. La primera vez que estuve en Israel, supe de inmediato por qué el apedreamiento era el método de pena capital. ¡Hay piedras por todas partes! Lo único que uno tiene que hacer es bajar la vista, y encontrará muchas piedras.

Cuando se le daba el zapato a alguien en ese terreno pedregoso en un acto de pacto, uno estaba diciendo: "No estaré muy lejos de este lugar cuando vengas buscándome".

Cuando Booz fue delante de los ancianos para redimir a Rut de su pariente cercano, se quitó su sandalia y se la dio al pariente y expresó su deseo de casarse con Rut. Ese era el pacto de zapato en Israel.

El pacto de sal

El pacto de sal era un pacto de lealtad. La sal la llevaban todos en Israel en una pequeña bolsa atada al cinturón. Cuando el calor del sol causaba una pérdida de sal en el cuerpo mediante el sudor, el individuo tomaba una pizca de sal para evitar los calambres musculares.

El pacto de sal se realizaba por las partes contratantes cuando agarraban una pizca de sal de sus respectivas bolsitas para intercambiarla con la persona con quien hacían el pacto. Cuando intercambiaban sal poniéndola en la bolsita de la otra persona, recitaban el contenido del pacto que estaban haciendo. Era impensable en tiempos bíblicos que quienes entraban en un pacto de sal fueran desleales el uno con el otro aun si eran amargos enemigos. Su pacto de lealtad se expresaba diciendo: "¡Hay sal entre nosotros!".

Después de intercambiar sal, ambos agitaban bien sus bolsitas para mezclar los granos de sal. El significado de este pacto era que mientras los granos de sal estuvieran mezclados, el contrato estaba en vigor. Técnicamente, la única manera en que podría ponerse fin al contrato era que cada una de las partes contratantes retirara sus granos de sal exactos de la bolsa de la otra persona. Desde luego, eso era imposible una vez que las bolsitas de sal eran agitadas ceremoniosamente.

Históricamente, los judíos habían preservado sus amistades los unos con los otros invocando un pacto de sal compartida. Cuando se sentaban juntos a comer, se pasaba un plato de sal marina, y cada persona en la mesa tomaba una pizca de sal en la palma de su mano y todos se comían la sal al mismo tiempo. Algunos aún siguen practicando esta tradición actualmente como símbolo de amistad, y significa que todos los que participan están a bien los unos con los otros y con Dios.

Cuando una persona judía necesita resolver una disputa con un familiar o un amigo, invita a la persona a su casa para compartir un plato de sal. Cada persona lame su dedo y lo moja en la sal, o pone una pizca de sal en la palma de su mano, y luego ambas personas se comen la sal al mismo tiempo. Esto simboliza que la sal ha sanado la herida en su relación, al igual que la sal sana las heridas del cuerpo.

El pacto de sangre

El tercer tipo de pacto en la Escritura era el pacto de sangre. Se utilizaba solo para los contratos más urgentes. Consistía en dividir el cadáver de un animal o animales por la mitad y poner las mitades en la mano derecha y la mano izquierda, dejando un pasillo entre ellas. Las personas que hacían este serio pacto caminaban del uno al otro lado entre los pedazos del sacrificio y recitaban el contenido del pacto. El simbolismo, como se expresa por el animal cuya sangre había sido derramada y cuyo cuerpo había sido partido por la mitad, era que si alguna de las partes rompía el pacto, su sangre debería ser derramada y su cuerpo partido por la mitad.

Hay dos importantes pactos de sangre registrados en la Biblia. El primero fue entre Dios y Abraham, dando a Abraham y a su descendencia la tierra de Israel para siempre. El segundo fue la sangre derramada del Cordero de Dios en el Calvario, quitando la maldición del pecado de toda la humanidad.

El pacto de sangre de Dios con Abraham para el otorgamiento real de tierra a Israel

Cuando Dios traspasó el título de propiedad de Israel a los descendientes de Abraham, Isaac y Jacob para siempre, lo hizo con el más espectacular pacto de sangre registrado en el Antiguo Testamento.

> Y le dijo [a Abraham]: Yo soy Jehová, que te saqué de Ur de los caldeos, para darte a heredar esta tierra. Y él respondió: Señor Jehová, ¿en qué conoceré que la he de heredar? Y le dijo: Tráeme una becerra de tres años, y una cabra de tres años, y un carnero de tres años, una tórtola también, y un palomino. Y tomó él todo esto, y los partió por la mitad, y puso cada mitad una enfrente de la otra; mas no partió las aves. Y descendían aves de rapiña sobre los cuerpos muertos, y Abram las ahuyentaba. Mas a la caída del sol sobrecogió el sueño a Abram, y he aquí que el temor de una grande oscuridad cayó sobre él.
>
> —Génesis 15:7-12

Las partes contratantes en este pacto de sangre eran Jehová Dios y Abraham. Abraham partió la becerra, la cabra, el carnero y las aves y puso sus cadáveres en la tierra, preparándose para entrar en pacto de sangre con respecto a la tierra de Israel. Dios le dijo a Abraham que matara y dividiera muchos animales porque este iba a ser el pacto de bienes inmobiliarios más importante en la historia de la humanidad. Sería un pacto que naciones impugnarían y teólogos condenarían.

A la caída del sol, Dios hizo que Abraham cayera "en un sueño profundo". Probablemente fuera la misma anestesia divina que utilizó con Adán cuando le quitó una costilla para formar a Eva en el primer trasplante de órganos registrado (Génesis 2:21). Fue necesario que Dios hiciera caer a Abraham "en un sueño profundo", porque ningún hombre puede mirar a Dios y vivir.

> Y sucedió que puesto el sol, y ya oscurecido, se veía un horno humeando, y una antorcha de fuego que pasaba por entre los animales divididos. En aquel día hizo Jehová un pacto con Abram, diciendo: A tu descendencia daré esta tierra, desde el río de Egipto hasta el río grande, el río Eufrates...
>
> —GÉNESIS 15:17-18

En su sueño, Abraham vio "un horno humeando, y una antorcha de fuego" que pasaron entre aquellos pedazos. En el Antiguo Testamento, la antorcha de fuego significaba la presencia de la gloria Shekinah de Dios. Dios mismo, aparte de la participación o promesa de Abraham, se estaba atando a sí mismo en un pacto de sangre para cumplir lo que le había prometido a Abraham. Las dimensiones de la tierra están claramente establecidas desde el río Nilo hasta el río Eufrates, y desde la península persa hasta Asia Menor.

Si Dios hubiera roto su pacto de sangre con Abraham, como enseñan los teólogos de la sustitución, ¿qué confianza podemos tener en que Él guardará el pacto de sangre de la cruz? Ambos pactos fueron hechos por el mismo Dios. Si Dios rompe pactos, entonces les mintió a Abraham y a David. Si Dios rompe pactos y ha desechado el Antiguo Pacto por el Nuevo Pacto, ¿cómo podemos estar seguros de que no desechará el Nuevo Pacto? Si Dios rompe pactos, entonces cada creyente en la Biblia sobre el planeta tierra puede irse a la cama esta noche sin saber si nuestros pecados son perdonados, sin saber que el sacrificio de sangre del Cordero de Dios en el Calvario fue válido, y creyendo que el texto bíblico es basura compuesta por un Dios que no puede mantener su palabra. Ese es el mensaje de la teología de la sustitución. ¡Yo rechazo ese mensaje!

El pacto de Dios con Abraham creando la nación de Israel

El pacto abrahámico estaba restringido a la simiente de Abraham mediante Isaac y Jacob. Este pacto establecía a Israel como una nación y es *eterno e incondicional*. Incondicional significa que este pacto depende de la fidelidad de Dios a Israel, y no de la fidelidad de Israel a Dios. Dios dice cinco veces en este pacto: "haré, haré, haré". Él nunca le dice a Abraham: "Tú debes... ¡tú debes!". El pacto dice:

> Pero Jehová había dicho a Abram: Vete de tu tierra y de tu parentela, y de la casa de tu padre, a la tierra que *te mostraré*. Y *haré* de ti una nación grande, y te *bendeciré*, y *engrandeceré* tu nombre, y *serás* bendición. *Bendeciré* a los que te bendijeren, y a los que te maldijeren *maldeciré;* y serán benditas en ti todas las familias de la tierra.
>
> —GÉNESIS 12:1-3, ÉNFASIS AÑADIDO

Las siete secciones concretas de este pacto son:

1. Una tierra que yo te mostraré
2. Haré de ti una nación grande
3. Te bendeciré
4. Engrandeceré tu nombre
5. Serás una bendición

6. Bendeciré a quienes te bendigan y maldeciré a quienes te maldigan
7. En ti serán benditas todas las familias de la tierra.

Un pacto incondicional

Los cristianos que ahora dicen que Dios rompió su pacto con Israel están pasando por alto el pasaje escrito por el rey David. Él dice que el pacto era incondicional.

> Si dejaren sus hijos mi ley, y no anduvieren en mis juicios, Si profanaren mis estatutos, y no guardaren mis mandamientos, Entonces castigaré con vara su rebelión, y con azotes sus iniquidades. Mas no quitaré de él mi misericordia, ni falsearé mi verdad. No olvidaré mi pacto, ni mudaré lo que ha salido de mis labios. Una vez he jurado por mi santidad, y no mentiré a David. Su descendencia será para siempre, y su trono como el sol delante de mí. Como la luna será firme para siempre, y como un testigo fiel en el cielo. *Selah*.
>
> —SALMO 89:30–37

Jehová Dios prometió a Israel que si ellos rompían sus estatutos, sus mandamientos y su ley, Él los castigaría con vara y con azotes. Las páginas de la Historia están llenas de la angustia de los judíos. Ellos han pasado bajo la vara del juicio de Dios, pero su pacto incondicional permanece.

Dios utiliza el sol y la luna como testigos de que el pacto con el pueblo judío permanece. El testimonio del sol y la luna es un recordatorio de veinticuatro horas para cualquiera, esté donde esté en el planeta tierra, que puede levantar la vista y ver la cegadora luz del sol o la luz reflejada de la luna. Mientras el hombre pueda ver cualquiera de esas dos cosas, Israel tiene un pacto con Dios.

Moisés confirma que Dios guarda el pacto para siempre.

> Conoce, pues, que Jehová tu Dios es Dios, Dios fiel, que guarda el pacto y la misericordia a los que le aman y guardan sus mandamientos, hasta mil generaciones.
>
> —DEUTERONOMIO 7:9

¡Dios guarda el pacto hasta mil generaciones! Técnicamente hablando, mil generaciones son cuarenta mil años, pero la referencia es simplemente una figura que hace hincapié en el significado *para siempre*. Dios es un Dios de pacto eterno. El Dios de Abraham, Isaac y Jacob no rompe el pacto; *¡jamás!*

¿El Antiguo Testamento sustituido?

Permita que repita que cuando algo es sustituido en el plan de Dios, es sacado de raíz, desechado, quemado y enterrado, para no oírlo nunca más. Si el Antiguo Testamento es sustituido por el Nuevo Testamento, ¿por qué entonces los Diez Mandamientos aparecen en el Nuevo Testamento?

Con una honesta investigación de la Escritura, cualquiera puede determinar que nueve de los Diez Mandamientos reaparecen en el Nuevo Testamento. El cuarto mandamiento, que se refiere al día de reposo, no se encuentra porque el Nuevo Pacto permite que cualquier día sea observado como día de reposo y adoración (Romanos 14:5-6; Gálatas 4:9-10; Colosenses 2:14-17).

El siguiente esquema muestra los pasajes del Nuevo Testamento que incorporan los Diez Mandamientos de Dios como fueron dados por medio de Moisés y registrados en el capítulo 20 de Éxodo.

Los Diez Mandamientos en el Antiguo y Nuevo Testamentos		
Mandamiento	**Antiguo Testament0**	**Nuevo Testamento**
1. Ningún otro dios	Éxodo 20:3	Mateo 4:10, 22:37–40; Lucas 4:8
2. Ninguna imagen grabada (ídolos)	Éxodo 20:4-6	Romanos 2:22 1 Corintios 5:10; 6:9–11
3. No tomar el nombre del Señor en vano	Éxodo 20:7	Hechos 26:11 Romanos 2:24 Colosenses 3:8
4. Recordar el Sabbat	Éxodo 20:8-11	(La ley del Sabbat no se ordena en el Nuevo Pacto)
5. Honrar a padre y madre	Éxodo 20:12	Efesios 6:1–3 Colosensess 3:20 2 Timoteo 3:2
6. No matar	Éxodo 20:13	Romanos 13:9 1 Pedro 4:15 1 Juan 3:15
7. No cometer adulterio	Éxodo 20:14	Romanos 2:22; 13:9 1 Corintios 6:9–11
8. No robar	Éxodo 20:15	Romanos 2:21; 13:9 Efesios 4:28 1 Corintios 6:9–11 1 Pedro 4:15

9. No mentir sobre el prójimo	Éxodo 20:16	Romanos 13:9 1 Pedro 4:15
10. No codiciar lo que otros tienen	Éxodo 20:17	Romanos 13:9 1 Corintios 5:10; 6:9–11

Una vez más, si el Antiguo Testamento está muerto, ¿por qué son reconfirmados los mandamientos en el Nuevo Testamento? Si el Antiguo Testamento está muerto, ¿por qué Jesús lo usó como una base para su enseñanza en su ministerio en la tierra? Jesús dijo: "Amarás a tu prójimo como a ti mismo" (Mateo 19:19). ¿De dónde sacó esa doctrina? Es una cita exacta de Moisés: "Amarás a tu prójimo como a ti mismo" (Levítico 19:18).

El apóstol Pablo sigue enseñando la ley del amor en Romanos 13:9 con: "Amarás a tu prójimo como a ti mismo".

Santiago se hace eco del tema diciendo: "Si en verdad cumplís la ley real, conforme a la Escritura: Amarás a tu prójimo como a ti mismo, bien hacéis" (Santiago 2:8).

¿Cuál es la fuente de esas enseñanzas del Nuevo Testamento? Provienen de Moisés y del Viejo Pacto, el cual, según la teología de la sustitución, debe de estar muerto, es inútil y está sustituido.

Jesucristo personalmente validó la autoridad divina del Viejo Pacto al decir: "No penséis que he venido para abrogar la ley o los profetas; *no he venido para abrogar*, sino para cumplir" (Mateo 5:17, énfasis añadido). Él continúa en el versículo siguiente declarando que el Viejo Pacto sería válido "hasta que pasen cielos y tierra". El cielo y la tierra no han pasado; ¡tampoco ha pasado el Viejo Pacto!

CAPÍTULO 11

RESPUESTAS A LOS CRÍTICOS SECULARES

En este capítulo, quiero dirigirme a los lectores que no son cristianos. Como saben en este punto, tengo creencias muy firmes acerca de los papeles que Israel, el pueblo judío y el Oriente Medio desempeñarán según las profecías predichas en la Biblia. He expresado esas creencias en mi libro *Cuenta regresiva a Jerusalén*. Puede que usted esté de acuerdo o no con mis creencias religiosas, pero somos libres, como estadounidenses, para diferir en creencias religiosas y políticas y seguir viviendo en paz los unos con los otros, como nación, y celebrar nuestras diferencias. Es perfectamente aceptable acordar estar en desacuerdo.

Ese es el curso que Aryeh Scheinberg y yo hemos tomado durante más de veinticinco años. El rabí y yo nos hemos hecho buenos amigos a lo largo de los años, y yo disfruto profundamente esas raras ocasiones en que tenemos tiempo para sentarnos y hablar de la Torá y de los problemas del mundo. Estamos de acuerdo en muchas, muchas cosas, pero cuando se trata de la naturaleza y la identidad del Mesías, desde luego, simplemente acordamos estar en desacuerdo, con el entendimiento de que cuando estemos en las calles de Jerusalén y veamos al Mesías caminar hacia nosotros, ¡uno de nosotros tendrá que hacer un importante ajuste teológico!

Aun si no está usted de acuerdo con mis creencias religiosas, espero que pueda estar de acuerdo en que miles de años de persecución y odio del pueblo judío es algo que está profundamente mal. Sea que ese odio esté dirigido a los judíos por la iglesia cristiana, Adolfo Hitler, Osama bin Laden, Mahmoud Ahmadinejad, Hamás y Hezbolá, el Ku Klux Klan, o americanos comunes y corrientes en la intimidad de sus propios hogares y negocios, es malo. Es antisemitismo, y es un pecado que condena el alma. Puede llamarlo como quiera, pero hay que detenerlo en cada ocasión. No podemos seguir pasándolo por alto.

Sin duda alguna, surgirán preguntas, en especial en los medios de comunicación, acerca de mis intenciones al escribir este libro y por estar tan firmemente al lado de Israel. No me disculpo por mi firme creencia en que Israel tiene todo el derecho de defenderse, incluyendo ataques preventivos contra conocidos terroristas y quienes apoyan el terrorismo y que han jurado borrar a Israel de la faz de la tierra. Permita que enfatice que mis esfuerzos no tienen la intención de crear un conflicto, sino de tratar uno que ya existe, y ponerlo en el contexto del antisemitismo y el odio, sea cual sea su fuente.

Ya sea que ese odio y opresión emanen de la iglesia cristiana, como fue durante muchos siglos, de los fundamentalistas islámicos radicales, como sucede claramente en la actualidad, o de ciudadanos apáticos, políticamente correctos e incrédulos de nuestro propio país, quienes prefieren mirar hacia otro lado cuando el odio se justifica por cualquier razón, es inaceptable. Es un imperativo moral que todo aquel que cree que deberíamos tratar a los demás como nos gustaría que nos tratasen a nosotros, con derechos básicos civiles y humanos, tomen en serio la amenaza muy real para Israel y el pueblo judío que existe en el mundo actualmente.

Cierto número de críticos han afirmado que porque yo enseño profecía bíblica, incluyendo una conflagración mundial que llevará a la batalla final de Armagedón, mi intención es prender fuego a una Tercera Guerra Mundial y activar el Apocalipsis. Es totalmente incierto. Yo odio la guerra; deploro la pérdida de vidas y la devastación causada por las guerras. Cuando hablo acerca de un próximo conflicto o una guerra mundial, es algo que ya ha sido predicho por los profetas de Israel por miles de años. Ahora esas antiguas profecías se están haciendo realidad. El que yo explique la profecía en términos que la persona promedio pueda entender no hará que ningún evento se haga realidad. Esas profecías van a suceder exactamente como se describen en la Escritura porque su fuente es Dios Todopoderoso.

Me encantaría que este libro abriera los ojos de todo ciudadano del mundo que enfoque este tema con una mente abierta. Ya sea que hablemos del Oriente Medio o de nuestros barrios, no podemos cerrar los ojos a la historia que es realidad en cuanto se relaciona con Israel y el pueblo judío. Se trata de ayudar a personas a ver que el antisemitismo, y todas las demás formas de odio religioso hacen imposible que acordemos estar en desacuerdo pacíficamente.

En defensa de Israel es mi llamado a la acción para apoyar a un pueblo que se ha enfrentado a la persecución cada vez y ha estado batallando contra el terrorismo cada día desde el 15 de mayo de 1948. Es mi llamado a cincuenta millones de evangélicos a unir fuerzas con los cinco millones de judíos en los Estados Unidos para levantarnos y hablar por Israel; es una unión hecha en el cielo. Somos hermanos espirituales, y nuestro futuro juntos debería ser un futuro de compasión y cooperación hasta que el Mesías venga y los enemigos de Israel sean derrotados y entremos en la edad dorada de la paz.

Desde el sencillo punto de vista de nuestro interés nacional en el mundo, Israel es un componente clave del Oriente Medio, debería ser apoyado a pesar de los diferentes puntos de vista religiosos.

Israel es una democracia vibrante

Israel es la única democracia verdadera en el Oriente Medio. Es una isla en un mar de musulmanes radicales que piden a gritos la muerte de todo *infiel* (no musulmán). Hamás ha conquistado recientemente el gobierno de Abbas y ahora representa un estado terrorista que está apenas a 900 metros de los muros de Jerusalén. Hezbolá, el radical "partido de Dios" ocupa el Líbano, en la frontera norte de Israel. Tanto Hamás como Hezbolá son financiados, entrenados y equipados por Irán y Siria. Al escribir esto, en junio de 2007, es solo cuestión de tiempo antes de que una importante guerra sumerja al Oriente Medio e impacte al mundo entero.

A pesar del estrés creado por el constante terrorismo, Israel es una democracia pluralista, con respeto de los derechos humanos, y concede derechos sin precedentes a su población árabe. De hecho, los árabes que viven en Israel tienen más libertad de la que tendrían si vivieran en cualquier otro país del Oriente Medio. Tienen la libertad de hacerse ciudadanos israelíes, con pleno derecho a voto. Tienen sus propios partidos políticos y pueden elegir miembros del Knesset. Los periódicos en árabe y los negocios de dueños árabes se están desarrollando dentro de Israel.

Israel es también la nación en el Oriente Medio donde las mujeres tienen mayor libertad. El escritor Tashbih Sayyed observó a mujeres musulmanas "yendo a escuelas, institutos y universidades sin ninguna restricción o inhibición... Una sociedad tan abierta es definitivamente una amenaza para la sociedad tradicional árabe en la cual a las mujeres no se les puede permitir ningún tipo de libertad, ya que mujeres libres e independientes en una cultura tradicional árabe son una señal de disminución de la autoridad y respeto del hombre".[1]

Sayyed también observó que "los árabes que viven bajo autoridades árabes musulmanas quieren ser tratados en hospitales israelíes cuando sufren enfermedades graves". A pesar del continuo conflicto entre palestinos e israelíes, ningún hospital israelí "ha negado nunca tratamiento a ningún árabe musulmán, hasta en casos en que la persona que llegó para recibir tratamiento fuera sospechosa de ser un potencial terrorista. El mundo sabe que algunos de los árabes que recibieron tratamientos en instalaciones médicas israelíes regresaron, de hecho, como terroristas suicidas, causando muerte y destrucción a los inocentes ciudadanos de Israel".[2]

¿Es cierto lo contrario? ¿Tienen los israelíes que viven en otros países de Oriente Medio similares derechos y libertades? ¿Disfrutan del mismo nivel de vida? Totalmente no. Ellos están en grave peligro al vivir en países árabes. ¿Por qué la gente no puede ver la disparidad y la hipocresía?

Israel no es la causa del conflicto en Oriente Medio

Es propaganda la que afirma que Israel ha robado las tierras a los demás o que ellos son, de algún modo, la causa del conflicto en Oriente Medio. La oposición a Israel por parte de los países musulmanes vecinos surge de su creencia religiosa en que los judíos son infieles. Se enseña a los niños musulmanes en las escuelas de primaria que los judíos provienen de monos y cerdos. Vestidos con parafernalia militar, esos niños aprenden a gritar: "¡Muerte a los judíos!" y "¡Muerte a los Estados Unidos!" al unísono. Los maestros aplauden a esos niños, a quienes se enseña desde temprana edad a amar la muerte, odiar a los judíos, y anhelar la gloria de ser un mártir.

Una de las venenosas corrientes que lleva a jóvenes palestinos a un odio tan fanático es la afirmación de que los judíos les han quitado sus tierras. ¡No es así!

El hecho de la Historia es que Israel vivió como nación soberana en la tierra hasta que el ejército romano, conducido por Adriano en el año 130 d.C. atacó Jerusalén. El emperador Adriano odiaba a los judíos por su teología monoteísta y su negación a inclinarse ante Roma. Adriano tomó represalias contra los judíos quitando el nombre de Judea de los mapas del mundo y dando el nombre de Palaestina a Siria, por los antiguos enemigos de Israel: los filisteos. Su intento de llamar a Jerusalén Aelia Capitolina fracasó miserablemente, pero sus esfuerzos para robar a los judíos su derecho a la tierra de Israel tuvieron éxito.[3] A pesar del uso de Adriano del término Palaestina, los palestinos *nunca* han existido como sociedad autónoma, y la tierra de Israel *nunca* les perteneció. Los informes de la prensa en Estados Unidos refiriéndose a Israel como un "ocupante" no tienen, de hecho, ninguna base. No es nada más que propaganda antisemita.

A fin de responder a las distorsiones de la verdad acerca de la verdadera causa del conflicto en Oriente Medio, deben entenderse algunos hechos básicos de la historia de Israel, comenzando al final de la Primera Guerra Mundial con la fractura del imperio otomano, que había gobernado la región durante muchos siglos.

La Declaración de Balfour y el mandato británico

La Declaración de Balfour de 1917 fue una carta escrita por el Secretario de asuntos exteriores británico Arthur James Balfour a Lord Rothschild. Era una declaración de política que definía cómo el gobierno británico dividiría el recientemente conquistado imperio otomano. También incluía un lenguaje que formó la base de la postura británica en apoyo de un estado judío en el área conocida como Palestina.

En 1922, el importante conflicto entre judíos y árabes en Palestina había hecho que Gran Bretaña remodelara su política en la región: la Carta Blanca de Churchill alude a este cambio de mentalidad. Luego, en junio de 1922, la Liga de Naciones aprobó el *Mandato Británico* (el Mandato palestino de la Liga de Naciones), el cual delineaba específicamente las responsabilidades de Gran Bretaña en Palestina, incluyendo el establecimiento de una casa nacional judía. El documento incorporaba lenguaje de la Declaración de Balfour en apoyo de la inmigración judía y el estatus político. Sin embargo, también afirmaba que Gran Bretaña podría retirar el amplio territorio al este del río Jordán, llamado *Transjordania* en la época, como asentamiento judío.

El 11 de septiembre de 1922, la división de la tierra al este y occidente del río Jordán se hizo oficial. La Liga de Naciones aprobó un memorando del gobierno británico que afirmaba que Transjordania sería excluido como asentamiento judío. Con ese memo, los líderes británicos iniciaron la primera oferta de "tierra por paz" de Israel, quitando el 77 por ciento de la región originalmente otorgada para el futuro estado judío.

El 15 de mayo de 1923, Gran Bretaña reconoció oficialmente Transjordania (ahora conocido como Jordania) como un estado. Ese mismo año, Gran Bretaña también transfirió parte de los Altos del Golán a Siria, causando protestas del presidente de los Estados Unidos Woodrow Wilson:

> La causa sionista depende de las fronteras racionales del norte y el este para un automantenimiento y desarrollo económico del país. Esto significa, en el norte, que Palestina debe incluir el río Litani y las cuencas del Hermón, y en el este debe incluir las llanuras del Jaulón y el Haurán. Algo menor que esto es una mutilación... no necesito recordarles que ni en este país ni en París ha habido ninguna oposición al programa sionista, y para que se cumpla las fronteras que he mencionado son indispensables.[4]

A lo largo de los años treinta, los británicos se fueron retirando cada vez más del compromiso pro-sionista de la Declaración de Balfour, y en 1939 se emitió otra Carta Blanca británica. La Carta Blanca de 1939 limitaba la inmigración judía a Palestina a un total de setenta y cinco mil judíos en un periodo de tiempo de cinco años. Como resultado de esta limitación, multitud de judíos desesperados que trataban de escapar del Holocausto de Hitler en Europa fueron rechazados. Algunos hasta fueron denominados por los británicos "inmigrantes ilegales" y fueron enviados por barco de regreso a Hitler ya los campos de exterminio.[5]

Muchos judíos comenzaron a igualar la crueldad del régimen de Hitler con la negación del gobierno británico de otorgar un santuario para sus compatriotas. El rabí Joseph Teluskhin, en su libro *Jewish Literacy*, resume la perspectiva del pueblo judío con respecto a la Carta Blanca de 1939 con estas palabras:

> Para los judíos, la Carta Blanca [de 1939] representa dos cosas: la traición de Inglaterra de su compromiso con el sionismo, y un claro mensaje a Hitler de que a Gran Bretaña realmente no le importa lo que él les hizo a los judíos.[6]

Fue en esa época cuando Menachem Begin entró a la escena de la historia de Israel.

Menachem Begin y el hotel Rey David

Recientemente, liberado tras años de encarcelación en una cárcel soviética, Menachem Begin fue inmediatamente a Palestina. Ultrajado por las políticas de inmigración británicas en Palestina, Begin ayudó a organizar el *Irgun*, un ejército militar encubierto cuyo propósito era evitar que los británicos enviaran a judíos sin papeles de regreso al Holocausto de Hitler en Europa.

Las audaces hazañas del Irgun están bien documentadas en el libro de Begin, *The Revolt*. Él se convirtió en un aguijón tan severo en el lado de los británicos que Gran Bretaña puso precio a su cabeza: 100,000 dólares, vivo o muerto.[7]

Menachem Begin es frecuentemente etiquetado por la prensa liberal como "un terrorista", pero nada podría estar más lejos de la verdad. Menachem Begin fue un luchador por la libertad cuyos objetivos siempre eran personal militar británico o quienes eran combatientes armados contra el pueblo judío.

Hay que contar la verdad acerca de Menachem Begin y el bombardeo del hotel Rey David. En julio de 1946 el hotel rey David estaba siendo utilizado por el ejército británico como un puesto de mando. Tropas británicas invadieron la Agencia Judía en junio de 1946 y confiscaron grandes cantidades de documentos. Información sobre operaciones de la Agencia Judía, incluyendo actividades de inteligencia en países árabes, fue llevada al hotel Rey David.

Después de que le llegasen las noticias de la masacre de cuarenta judíos en Polonia, Begin y el Irgun pusieron explosivos desde el sótano hasta los pisos superiores del hotel rey David. Deseando evitar víctimas civiles, Begin hizo tres llamadas telefónicas —una al hotel, otra al Consulado francés, y una tercera al *Puesto Palestino*— advirtiendo de que pronto se detonarían explosivos en el hotel Rey David.

La llamada al hotel fue aparentemente recibida e ignorada. El oficial al mando no creyó que el Irgun pudiera haber puesto explosivos en el hotel ante las mismas narices del alto mando británico. El oficial al mando dejó muy claro a Begin que no tenía intención alguna de abandonar el hotel, diciendo: "No recibimos órdenes de los judíos". El hotel Rey David explotó, dejando noventa y un muertos y cuarenta y cinco heridos. Entre las víctimas hubo quince judíos.[8]

El bombardeo del hotel Rey David no fue un acto de terrorismo; fue un acto de combate entre ejércitos en guerra. Poco después, Inglaterra decidió abandonar Palestina, y nació el estado judío. Mr. Begin y el Irgun depusieron las armas junto con el *Haganah* (un grupo paramilitar judío formado durante la era del Mandato británico) en día del renacimiento del estado judío el 14 de mayo de 1948.

Conscientes de que siete estados árabes bajo liderazgo de anteriores oficiales nazis y británicos estaban a punto de atacarles, los judíos de Palestina declararon el establecimiento del Estado de Israel el 14 de mayo de 1948 a las 4:32 de la tarde en una conmovedora ceremonia en el Museo Tel Aviv. El primer ministro israelí, David Ben-Gurion, el George Washington de Israel, declaró: "Por la presente proclamamos el establecimiento del Estado judío en Palestina, que se llamará Israel".[9]

Después de leer la declaración de independencia de Israel, Ben-Gurion anunció el primer decreto del nuevo estado judío: la Carta Blanca de 1939, odiada por los judíos por su freno a la inmigración judía y la venta de tierras, fue anulada.

La Guerra de los Seis Días de 1967

Cuando los judíos de Jerusalén fueron obligados a rendirse en las primeras fases de la Guerra israelí de Independencia en 1948, cedieron quizá su mayor tesoro: el sagrado muro que rodeaba el monte del Templo, sede de los dos antiguos y destruidos templos judíos. La toma del Muro Occidental por soldados israelíes casi veintitrés años después durante la Guerra de los Seis Días en junio de 1967 representa uno de los momentos más significativos en la historia judía.

Seis días apenas parecen suficientes para luchar y ganar una guerra contra cinco países árabes, pero la dramática victoria del Estado de Israel entre el 5 de junio y el 10 de junio no es otra cosa sino milagrosa. Cuando el 11 de junio se asentó el polvo, Israel se encontró siendo cuatro veces mayor y en posesión de algunos de los lugares más santos del judaísmo. Solamente dos semanas antes, el mundo había predicho la posible aniquilación de Israel ante los ejércitos combinados de Egipto, Siria y Jordania; ahora el estado judío era considerado como la mayor potencia militar en Oriente Medio.

Sí, Israel inició el primer ataque en esta guerra el 5 d junio, pero fue autodefensa. El presidente de Egipto, Nasser, había estado anunciando su plan de quitar del mundo "la entidad sionista" a lo largo del mes de mayo. Luego Nasser cerró el estrecho de Tiran a todos los barcos israelíes, un acto que constituyó base legal para ir a la guerra, según la ley internacional. Israel no hizo nada para tomar represalias, alimentando la creencia de Nasser de que ellos eran más débiles que los árabes. El 27 de mayo, la retórica de los árabes era sorprendentemente similar a lo que oímos en la actualidad:

> Nuestro objetivo básico será la destrucción de Israel.[10]
> —Gamal Abdel Nasser, Presidente of Egipto

> Nuestra meta es clara: borrar del mapa a Israel.[11]
> —Abdel Rahman Aref, Presidente of Iraq

Sabiendo que esas amenazas eran reales, podemos ver fácilmente que Israel estaba actuando en defensa propia cuando lanzó el ataque aéreo preventivo que eliminó a toda la fuerza aérea egipcia (y la mayoría de la de Siria) en un día.

En este punto, es importante notar que las tierras obtenidas por Israel en la Guerra de los Seis Días —los disputados territorios de lo que ahora se denomina la Franja Occidental— nunca fue parte de una nación palestina soberana. Jordania y Egipto habían mantenido la posesión de la zona desde 1948, cuando los británicos se fueron. Antes de eso, la zona era considerada una parte del imperio otomano.

Esas tierras fueron obtenidas por Israel en 1967 en una guerra defensiva. Es erróneo referirse a esas zonas disputadas como "territorios palestinos ocupados", lo cual da a entender que la zona pertenece a los árabes palestinos y está siendo tomada cautiva por israelíes. Poniendo a un lado los argumentos bíblicos, sigue siendo erróneo olvidar los vínculos de tres mil años de antigüedad de los judíos a la Franja Occidental y Gaza que preceden a cualquier otro pueblo. Es erróneo negar que ellos fueron obligados a salir de su tierra por invasores, y han mantenido coherentemente el deseo de regresar a su tierra natal a lo largo de la Historia. Ellos tienen derecho a la posesión de la tierra —no a renunciar a su reclamación de la tierra— en un acuerdo de paz final.

La guerra de Yom Kippur de 1973

En 1973, durante la fiesta de Yom Kippur, Egipto y Siria unieron fuerzas en un ataque sorpresa sobre los territorios que Israel había conquistado seis años antes. Debido a que ellos iniciaron la invasión en la fiesta judía, los ejércitos atacantes pudieron realizar importantes avances en un principio; sin embargo, en una semana, Israel pudo repelerlos y recuperar todo el territorio que ellos habían ocupado antes de la guerra. Eso convenció al presidente egipcio Anwar Sadat de que los árabes nunca podrían derrotar a Israel en una guerra, lo cual fue, sin duda, un factor que contribuyó a su disposición a firmar el tratado de paz con Israel en Camp David cuatro años después.

A diferencia de la guerra de 1967, esta vez los líderes de Israel temieron la oposición internacional y escogieron no tomar medidas preventivas cuando la guerra parecía inminente. Como resultado, perdieron la vida dos mil setecientos soldados israelíes, muchos de ellos abrumados en el ataque inicial. Golda Meir dimitió de su puesto como primera ministra de Israel poco después de la guerra, y en su autobiografía, *My Life*, confesó que lamentó esa decisión hasta el día de su muerte.[12]

La guerra libanesa

A principios de los años ochenta, la guerra de Israel contra el ejército del PLO a lo largo de la frontera con el Líbano fue bienvenida por el entonces ministro de defensa israelí Ariel Sharon, quien esperaba forzar un tratado de paz entre los dos países y poner fin a un incesante bombardeo de asentamientos israelíes en el norte de Israel.

En un principio, la mayoría de los israelíes se identificaron con los objetivos de la guerra, pero de modo similar al actual cambio de la corriente de opinión en los Estados Unidos en este momento con respecto a la guerra en Iraq, cuando Israel descubrió que entrar en el Líbano era más fácil que salir, el apoyo a la guerra más larga de Israel disminuyó. Los combatientes del PLO se dispersaron entre civiles, queriendo decir que cualquier intento de los ejércitos israelíes de bombardear al PLO inevitablemente significaría matar también a civiles inocentes. Desde todas partes del mundo, Israel afrontó la condena por los intentos de bombardear fortalezas del PLO, a pesar de los intentos de mantener al mínimo las víctimas civiles.

En cuanto los israelíes pudieron ocupar Beirut, el PLO acordó evacuar el Líbano, una importante, aunque breve, victoria israelí. El siguiente evento en la guerra —la elección de Bashir Gemayel como nuevo presidente del Líbano— demostraría ser la causa de su duradera controversia por Israel. El erudito y rabí Joseph Telushkin lo resume de esta manera:

> Gemayel prometió que firmaría un tratado de paz entre Israel y el Líbano cuando tomó posesión de su cargo. Días antes de su inauguración, sin embargo, fue asesinado por terroristas pro-sirios. Las fuerzas falangistas que Gemayel dirigía fueron ultrajadas por la pérdida de su líder. Al día siguiente, tropas israelíes en Beirut occidental permitieron que soldados falangistas entraran en los campos de refugiados palestinos de Sabra y Shatila, aparentemente para desarmar a los terroristas del PLO que permanecían en los campos. Sin embargo, los soldados falangistas realizaron una masacre, matando a unas mil personas, muy pocas de las cuales eran combatientes del PLO. Por todo el mundo Israel fue considerado responsable de las masacres; hasta el día de hoy la mayoría de los árabes creen que no fueron los falangistas quienes realizaron las masacres, sino el ejército israelí. Un exasperado primer ministro Begin dijo: "no judíos mataron a no judíos y se culpa a los judíos".[13]

Operación Ópera: el bombardeo del reactor nuclear de Bagdad

Anteriormente, describí cómo Israel realizó un ataque preventivo contra el Osirak, un reactor nuclear construido por el gobierno iraquí a once millas al sudeste de Bagdad en 1977. Por temor a que el reactor se utilizara para producir armas nucleares, y con evidencia de que Francia estaba preparada para enviar fuel para activar el reactor, los israelíes sintieron que la instalación nuclear era una amenaza directa y debía ser destruida.

Cuando fracasaron las negociaciones diplomáticas, Israel recurrió a la acción militar para eliminar la amenaza y autorizó un ataque aéreo llamado Operación Ópera el 7 de junio de 1981. El lugar fue rápidamente destruido, causando un grave revés en el programa de desarrollo nuclear de Iraq.

Israel sufrió las repercusiones políticas, con muchos gobiernos, incluyendo al de los Estados Unidos, criticando la operación. Israel insistió en que sus actos estaban justificados como defensa propia. Menachem Begin explicó que mientras el reactor siguiera operando, él veía al pueblo de Israel afrontando un peligro similar al representado por Adolfo Hitler. Aunque las Naciones Unidas condenaron los actos de Israel, la mayoría de los judíos entendieron por qué el reactor tuvo que ser destruido: "Nunca más" podrían permitir a enemigos que habían anunciado su intención de matarlos obtener acceso a armas nucleares de destrucción masiva. Israel debe ser felicitado por quitar las armas nucleares de las manos de Sadam Hussein.

Fue como resultado de este intenso ataque de la prensa sobre Israel cuando yo decidí realizar la primera Noche para Honrar a Israel en septiembre de 1981 para expresar nuestro agradecimiento a la comunidad judía local y a la nación de Israel. Durante veinticinco años hemos realizado estas celebraciones para expresar apoyo a Israel y al pueblo judío. Con el rápido crecimiento de Cristianos Unidos por Israel, esos eventos de Noches para Honrar a Israel se realizan ahora de costa a costa.

Los acuerdos de Oslo

La Declaración de Principios sobre Organización de Autogobierno Interino se denomina con frecuencia los Acuerdos de Oslo porque el documento fue finalizado en Oslo, Noruega, en 1993. La declaración fue firmada en Washington DC el 13 de septiembre de 1993 por Yasser Arafat, representando a la Organización para la Liberación de Palestina (OLP) y Simón Peres, representando al Estado de Israel, en presencia del entonces presidente de los Estados Unidos Bill Clinton y el primer ministro israelí Yitzhak Rabin.

Desde ese acuerdo, las diversas facciones de la recientemente constituida Autoridad Palestina han cometido violencia rutinariamente contra Israel. Es difícil saber, en especial a la luz de los eventos actuales, si alguien en la AP realmente ha estado alguna vez dispuesto o ha sido completamente capaz de controlar esos ataques. Son actos de terrorismo, llana y sencillamente. Israel, con todo derecho, tuvo que dar pasos para defender a sus ciudadanos, al igual que nosotros en los Estados Unidos haríamos si fuéramos atacados de modo similar, en respuesta a actos terroristas. En cada ocasión el intento del gobierno israelí ha sido el de cumplir los Acuerdos de Oslo de maneras que fueran consideradas aceptables en el momento del acuerdo.

Al terminar de escribir este libro, ha surgido una guerra civil entre los palestinos que viven en Gaza, con los partidos Hamás y Fatah encerrados en una violenta batalla por el control del gobierno. Hamás, que ha jurado la destrucción de Israel como asunto de política, prevaleció en Gaza, causando la huída de los líderes supervivientes de Fatah; la Franja Occidental permanece bajo el control de Fatah.

Está claro que llegará la guerra a Israel y el Oriente Medio, pero estoy convencido de una cosa: la nación de Israel sobrevivirá. Esta vez los cristianos evangélicos de Estados Unidos estarán al lado del Estado de Israel y del pueblo judío. Cuando se haga el último disparo en Oriente Medio, la bandera de Israel ondeará sobre los antiguos muros de Jerusalén.

Por esta razón puedo decir con confianza, como hago en el capítulo siguiente: "¡Israel vive!".

CAPÍTULO 12

"¡ISRAEL VIVE!"

Durante más de treinta años de ministerio, he dado bastantes sermones sobre la vida de José. Uno de los más populares fue una serie de ocho partes que prediqué titulada: "El viaje de José: desde el pozo hasta el palacio".

Mientras poníamos las bases de Cristianos Unidos por Israel, la historia de José seguía viniendo a mi mente. Siempre he enseñado que la vida de José es un anuncio de la vida de Cristo. Es una rica analogía, con demasiadas correlaciones para ser mera coincidencia. Sus nombres hasta provienen de la misma raíz hebrea: *Yeshua*, que puede traducirse como Josué, José o Jesús.

Sentado en mi oficina bien avanzada una tarde, después de que los teléfonos habían dejado de sonar y la corriente diaria de citas había concluido, agarré una pluma y comencé a dar expresión a los pensamientos que se habían estado formando en mi subconsciente.

A medida que escribía, sentía que el Espíritu de Dios expandía mi entendimiento de la antigua historia bíblica; era algo más que un anuncio de la vida de Cristo. Más bien, las vidas de Jesús y de José presentan una yuxtaposición profética que describe la futura relación de cristianos y judíos. Ambas vidas son exactas en su significado en su propia generación. Al estudiar la profecía —o la historia, a ese respecto—, uno aprende que es posible decir el futuro conociendo el pasado. Al examinar la vida de José y compararla con la vida de Jesús, tenemos una exacta brújula para el futuro.

Tome tiempo para leer con atención el siguiente esquema. Pongo el material en este formato porque quiero que vea estos sorprendentes paralelismos bíblicos escritos lado a lado.

José	Jesús
Hijo amado: José era el hijo favorito de su padre.	*Hijo amado:* Jesús fue el unigénito hijo de Dios Padre.
Vestiduras reales: A José le dieron un manto de muchos coloers, una señal de realeza.	*Vestiduras reales:* Jesús llevaba una túnica sin costura, una prenda valiosa, que los soldados romanos se jugaron en su cricifixión. Él fue colgado como "el rey de los judíos", y se le llama en la Escritura "el príncipe de paz".
Enviado con alimentos: José fue enviado por su padre a sus hermanos con alimentos.	*Enviado como alimento:* Jesús fue enviado por Dios Padre a la tierra como el pan vivo y el pan de vida.
Rechazado por su familia: Cuando José llegó, fue rechazado por sus hermanos.	*Rechazado por su familia:* Cuando Jesús dejó el esplendor del cielo y vino a la tierra como hombre, "a los suyos vino, y los suyos no le recibieron" (Juan 1:11).
Vendido como esclavo: Los hermanos de José lo echaron a un pozo y lo vendieron como esclavo.	*Vendido como esclavo:* Jesucristo fue traicionado por Judas por treinta monedas de plata, el precio de un esclavo.

José	Jesús
Falsamente acusado: Cuando José llegó a Egipto, fue falsamente acusado de violación por la esposa de Potifar.	*Falsamente acusado:* Cuando Jesús predicó en Jerusalén, fue falsamente acusado por los fariseos de ser un borracho, hereje y un loco endemoniado. Roma lo consideraba un insurrecto demasiado peligroso para vivir.
Enviado a prisión: José fue enviado a prisión por varios años pero fue divinamente liberado después de interpretar el sueño de Faraón. Fue sacado de la prisión para estar a la diestra de Faraón, el hombre más poderoso de la tierra.	*Enviado a prisión:* Jesús fue enviado a la prisión de la muerte, de la cual resucitó divinamente al tercer día para estar a la diestra del Dios Todopoderoso, el ser más poderoso del universo.
Elevado al poder: José fue sacado de la prisión debido a su don de revelación divina. Fue inmediatamente llevado al palacio como primer ministro, el ayudante directo de Faraón, el hombre más poderoso de la tierra en aquella época.	*Elevado al poder:* Cuando Jesús fue crucificado, fue a la prisión de la muerte, salió milagrosamente al tercer día, y ascendió al trono a la diestra de Dios Padre, la persona más poderosa del universo eternamente.
Herederos gentiles: A José se le entregó una esposa gentil, que le dio dos herederos: Manasés y Efraín.	*Herederos gentiles:* A Jesús se le entregó una esposa gentil en la cruz. Como Manasés y Efraín, los convertidos gentiles han sido injertados en el olivo original, cuyas raíces son Abraham, Isaac y Jacob (Romanos 11:17).
Igual parte: Según la Torá, Manasés y Efraín recibieron partes iguales de tierras como herencia con los hijos de Jacob.	*Igual parte:* En la cruz, los gentiles recibieron una parte igual con el pueblo judío. Somos coherederos con Cristo (Romanos 8:17).

José	Jesús
Tres visitas a la tierra: Llevados por el hambre, los hermanos de José fueron a la tierra de Egipto para buscar alimento.	*Tres visitas a la tierra:* Tres veces el pueblo judío ha entrado en la tierra de Israel: la primera fue el Éxodo, bajo el liderazgo de Moisés y luego Josué; la segunda fue el fin del exilio en Babilonia, bajo el liderazgo de Nehemías; y la tercera fue el 15 de mayo de 1948, en el renacimiento de la patria nacional.
Cegados a la verdadera identidad: Los hermanos de José estuvieron cara a cara con él pero no lo reconocieron. Estaban cegados a su identidad porque él vivía como un egipcio y les habló por medio de un intérprete egipcio.	*Cegados a la verdadera identidad:* Jesucristo es hermano de carne y sangre del pueblo judío (Mateo 25:40), pero en este momento están cegados a su verdadera identidad (Romanos 11).
Verdadera identidad revelada: En la tercera entrada a la tierra de Egipto, José se reveló a sus hermano. Primero ordenó a todos los gentiles que abandonaran el palacio. Los historiadores judíos dicen que José demostró su identidad a sus hermanos mostrándoles su circuncisión, que no era una práctica egipcia.	*Verdadera identidad revelada:* Antes de que Jesucristo se revele al pueblo judío, la iglesia abandonará la tierra en un evento conocido como el rapto. Jesús demostrará su identidad del mismo modo que José: mostrando señales en su carne; no solo las cicatrices en sus manos y pies, sino también en su costado, donde un soldado romano traspasó su pecho para asegurarse de que estaba verdaderamente muerto. Y cuando vean "al que traspasaron", lamentarán como quien lamenta por su único hijo (Zacarías 12:10)

José	Jesús
Entrega de tierra: Después de ser reunido con sus hermanos, José envió a buscar a su padre y a todo el pueblo judío que había sobrevivido al hambre. Les dio la rica y fértil tierra de Gosén en Egipto.	*Entrega de tierra:* Cuando Jesús regrese a la tierra como Mesías, se le dará al pueblo judío toda la tierra histórica, y el pueblo judío estará en el centro del reino eterno que vendrá durante el reinado milenial. No han sido sustituidos ahora, y nunca lo han sido; siguen siendo la niña de los ojos de Dios.

La historia bíblica de José no es sólo un anuncio de Cristo, sino también de todo lo que va a suceder al final del tiempo tal como lo conocemos. Poner juntas estas dos historias es unir los puntos del pasado con el mundo del mañana.

Comencé este libro mencionando el honor de ser invitado a hablar en la Conferencia sobre Política del AIPAC en 2007, el Comité Norteamericano de asuntos públicos para Israel. Aquella noche algunos entre la audiencia quedaron pasmados cuando me disculpé por las muchas atrocidades que habían sido cometidas contra los judíos a lo largo de la Historia en nombre del cristianismo. Hablé de las Cruzadas, la Inquisición española y, desde luego, el Holocausto.

"¿Dónde están las naciones que han perseguido al pueblo judío? —pregunté a la audiencia—; ¿dónde está Faraón y su ejército? ¿Dónde están los babilonios? ¿Dónde están los griegos, los romanos?

¿Dónde está el imperio otomano? ¿Dónde están ese lunático, Adolfo Hitler, y sus hordas nazis? Todos son notas históricas.

¿Pero dónde está el pueblo judío? Están vivos y bien; están desarrollándose; están prosperando; están creciendo...".

La multitud comenzó a ponerse en pie y aplaudir.

"Aun en tiempos de adversidad —continué—, ellos siguen adelante.

¿Dónde está Israel? ¿Dónde están quienes fueron esparcidos por toda la Diáspora? La poderosa mano de Dios los ha reunido de las naciones del mundo, e Israel nació milagrosamente el día 15 de mayo de 1948. ¡Israel vive! Grítenlo desde los tejados: ¡Israel vive! Que todo grupo terrorista islámico lo oiga...".

La gente comenzó a decir conmigo: ¡Israel vive!

"Que todo dictador jugador en el Oriente Medio lo oiga: ¡Israel vive!

Que se oiga en los pasillos de las NU...".

Sus voces eran cada vez más fuertes a medida que gritaban conmigo: ¡Israel vive!

"Que resuene en los pasillos de mármol del palacio presidencial en Irán: ¡Israel vive!

Que se oiga en los campos terroristas de Osama bin Laden: ¡Israel vive! ¡Israel vive! ¡Israel vive!".

La sala quedó electrizada cuando pronunciamos el veredicto de Aquel que prometió nunca dormirse ni adormecerse mientras cuida de Israel: el pueblo escogido de Dios está vivo y bien.

He dado conferencias similares por todo el país en nuestros eventos Noche para Honrar a Israel. Estoy acostumbrado a una respuesta entusiasta, y nuestra congregación en la iglesia Cornerstone Church es aún más vocal cuando levantan sus voces en alabanza a

Dios la mañana del domingo. Pero mi corazón fue profundamente conmovido aquella noche por la poderosa corriente que dominó la sala.

Parte de mi emoción fue el entusiasmo de un flaco muchacho de ocho años de Channelview, Texas, que había visto a su padre llorar el día que renació la nación de Israel; y que había crecido para proclamar el amor de Dios por el pueblo judío en los pasillos de influencia. Pero en su mayor parte era el conocimiento fundamental de que el mensaje que había proclamado era verdad.

El pueblo judío ha sufrido destrucción y persecución; ha sobrevivido a la esclavitud de Faraón y a la Solución Final de Hitler. Y no tengo duda de que mucho tiempo después de que Hamás y Hezbolá hayan sido enterrados en el cementerio de la historia humana, mucho después de que la crisis con Irán haya sido resuelta, la bandera de Israel seguirá ondeando sobre los antiguos muros de la sagrada ciudad de David, y Jerusalén será la alabanza de toda la tierra.

Notas

Capítulo 1
Es 1938... otra vez

1. *Reader's Digest,* diciembre 1954, como se cita en Enotes.com, Famous Quotes: History, http://history.enotes.com/famous-quotes/ an-appeaser-is-one-who-feeds-a-crocodile-hoping-it (accesado el 29 de junio 2007).
2. Dwight D. Eisenhower, "I Shall Go to Korea" [Iré a Corea] (discurso, 25 de octubre de 1952, citando al senador Arthur H. Vandenberg), http://www.time.com/time/printout/0,8816,806504,00.html (accesado el 2 de julio de 2007).
3. Elesha Coffman, "Final Solution, Part II," [Solución Final, parte II] *Christian History Newsletter,* 25 de enero de 2005, visto en http:// www.christianitytoday.com/history/newsletter/2002/jan25.html (accesado el 29 de junio de 2007).

Capítulo 2
Mi amor de toda la vida por Israel

1. Truman Museum and Presidential Library, "Recognition of Israel Documents," http://www.trumanlibrary.org/whistlestop/study_ collections/israel/large/documents/index.php?pagenumber=3&docu mentid=49&documentdate=1948-05-14&collectionid=ROI&groupi d= (accesado el 30 de mayo de 2007).
2. En lenguaje de las Naciones Unidas, sionismo es sinónimo de racismo. Utilizo el término aquí en su sentido original: una persona que cree que Israel tiene derecho a existir, que los judíos tienen derecho a regresar a Israel, y que Israel tiene derecho a defenderse desde detrás de fronteras definibles.

3. TheKotel.org, "Facts and Figures: The Western Wall Tunnels," http://english.thekotel.org/content.asp?id=28, and "How the Temple Walls Were Built," http://english.thekotel.org/content.asp?id=29 (accesado el 29 de junio de 2007).

Capítulo 3
Pecados de los padres

1. Gil Kaplan, *Israel's History of Persecution* (N.p.: n.d.), 23.

2. Edward H. Flannery, *The Anguish of the Jews* (Mahwah, NJ: Paulist Press, 1985), 51.

3. Ibid., 93.

4. Elinor Slater y Robert Slater, *Great Moments in Jewish History* (New York: Jonathan David Publishers, 1998), 162.

5. Eternal Word Television Network, "Canon 68: Jews Appearing in Public," Fourth Lateran Council, 1215, traducción tomada de *Decrees of the Ecumenical Councils*, Norman P. Tanner, ed., http://www.ewtn.com/library/COUNCILS/LATERAN4.HTM (accesado el 2 de julio de 2007).

6. Ibid.

7. TheHistoryPlace.com, "Hitler Named Chancellor," *The Rise of Adolf Hitler*, http://www.historyplace.com/worldwar2/riseofhitler/named.htm (visto el 1 de julio de 2007); TheHistoryPlace.com, ""Nazis Boycott Jewish Shops," *The Triumph of Hitler*, http://www.historyplace.com/worldwar2/triumph/tr-boycott.htm (accesado el 1 de julio de 2007).

8. Guido Kisch, *The Jews in Medieval Germany* (Chicago: University of Chicago Press, 1949), 203.

9. Rabbi Joseph Telushkin, *Jewish Literacy* (New York: William Morrow and Company, Inc., 1991), 191.

10. Cecil Roth, *The Spanish Inquisition* (New York: W. W. Norton & Company, 1996); also BibleTopics.com, "The Spanish Inquisition," http://www.bibletopics.com/biblestudy/64.htm (accesado el 19 de agosto de 2005).

11. Malcom Hay, *The Roots of Christian Anti-Semitism* (New York: Freedom Library Press, 1981), 166.

12. *Encyclopedia Judaica*, vol. 3 (Jerusalem: Keter Publishing House, 1978), 103.

13. Malcolm Hay, *The Roots of Christian Anti-Semitism* (New York: Freedom Liberty Press), 169.

14. Dagobert D. Runes, *The War Against the Jew* (New York: Philosophical Library, 1968), 114.

15. La información en este esquema está tomada en parte de J. E. Scherer, *Die Rechtsverhaltnisse der Juden in der deutsch-osterreichischen Landern* (Leipzig, 1901), páginas 39-49.

16. Hay, *The Roots of Christian Anti-Semitism*, 3.

17. John Toland, *Adolf Hitler*, vol. 1 (Garden City, New York: Doubleday & Company, Inc., 1978), 326.

18. Ibid., vol. 2, 803.

19. *Trial of the Major War Criminals before the International Military Tribunal*, vol. 1, (Nuremberg, Germany: International Military Tribunal, 1947), 50.

20. Ibid., 251.

21. Ibid., vol. 3, 439.

22. Ibid., vol. 8, 318–319.

23. Toland, *Adolf Hitler*, vol. 1, 233.

24. Sam Ser, "What Will Follow 'the Best Pope the Jews Ever Had'?" *Jerusalem Post*, April 3, 2005, http://www.jpost.com/servlet/

Satellite?pagename=JPost/JPArticle/ShowFull&cid=1112494793946 (accesado el 19 de agosto de 2005).

Capítulo 5
Los pueblos del Oriente Medio

1. He abordado el tema de la elección divina ampliamente en mi libro *Jerusalem Countdown* (Lake Mary, FL: FrontLine, 2006, 2007).

2. SimpletoRemember.com, "World Jewish Population," http://www. simpletoremember.com/vitals/world-jewish-population.htm (accesado el 17 de marzo de 2007).

3. Ibid.

4. Central Intelligence Agency, *The World Factbook,* https://www.cia. gov/library/publications/the-world-factbook/.

5. Ibid.

6. Palestinian Central Bureau of Statistics, *Statistical Abstract of Palestine No. 5,* http://www.pcbs.gov.ps/Portals/_pcbs/PressRelease/abstract_ e.pdf (accesado el 5 de julio de 2007).

7. Central Intelligence Agency, *The World Factbook,* https://www.cia. gov/library/publications/the-world-factbook/.

8. Wikipedia.org, s.v. "Taliban," http://en.wikipedia.org/wiki/Taliban (accesado el 5 de julio de 2007).

9. Central Intelligence Agency, *The World Factbook,* https://www.cia. gov/library/publications/the-world-factbook/.

10. Ibid.

Capítulo 6
Las religiones del Oriente Medio

1. George W. Braswell Jr., *Islam: Its Prophet, Peoples, Politics and Power* (Nashville, TN: Broadman & Holman Publishers, 1996), 44.

2.   Mark Gabriel, *Jesus and Muhammad* (Lake Mary, FL: Charisma House, 2004), 147.

3.   Información tomada de Braswell, *Islam: Its Prophet, Peoples, Politics and Power*, 44–48; Daymond R. Duck, *The Book of Revelation* (Nashville, TN: Thomas Nelson Publishers, 2006), 152–153.

4.   Citado por autoridad de Ibn 'Abbas in Sahih of al-Bukhari; atestiguado por numerosos eruditos islámicos. Ver, por ejemplo: http://www.bibletopics.com/BIBLESTUDY/96a.htm and http://www.giveshare.org/islam/index.html.

Capítulo 7
Revolución e islamismo radical

1.   Anti-Defamation League, Major Terrorist Attacks in Israel, http://www.adl.org/israel/israel_attacks.asp (accesado el 25 de junio de 2007).

2.   *Journal of Turkish Weekly,* "Iran: UN Ignores Israeli Threats to Tehran," June 19, 2007, http://www.turkishweekly.net/news.php?id=46190 (accesado el 25 de junio de 2007).

3.   Associated Press, "Egypt Urges World to End Palestinians' Isolation," *International Herald Tribune,* 17 de marzo de 2007, http://www.iht.com/articles/ap/2007/03/17/africa/ME-GEN-Egypt-Palestinian.php (accesado el 5 de julio de 2007).

4.   Associated Press, "Hamas-Fatah Gov't Seeks End to Boycott," USA Today.com, 17 de marzo de 2007, http://www.usatoday.com/news/world/2007-03-17-palestinians_N.htm?csp=34 (accesado el 1 de julio de 2007).

5.   Reuters.com, "Thousands March to Protest Iraq War," 17 de marzo de 2007, http://www.reuters.com/article/newsOne/idUSN17256712 20070317?pageNumber=2 (accesado el 1 de julio de 2007).

6.   *The 9/11 Commission Report: Final Report of the National Commission on Terrorist Attacks Upon the United States* (Washington: Government Printing Office), disponible en http://origin.www.gpoaccess. gov/911/.

7.   Boaz Ganor, "The Islamic Jihad: The Imperative of Holy War," 15 de febrero de 1993, Jerusalem Center of Public Affairs, http://www. jcpa.org/jl/saa31.htm (accesado el 5 de julio de 2007).

8.   MideastWeb.org, "The Covenant of the Islamic Resistance Movement (Hamas),"Article 13, http://www.mideastweb.org/hamas. htm (accesado el 1 de julio de 2007).

Capítulo 8
Nuestra deuda con el pueblo judío

1.   Adolf Hitler, *Mein Kampf,* Ralph Mannheim, ed. (New York: Mariner Books, 1999), 65.

2.   Abraham Cohen, *Everyman's Talmud* (New York: Schocken Books, Inc., 1949), 73.

3.   William J. Federer, *America's God and Country: Encyclopedia of Quotations* (Coppell, TX: FAME Publishing, 1994), 660.

4.   Ibid., 388.

5.   Ibid., 668–669.

6.   Los eruditos normalmente señalan a Isaías o Jeremías (o ambos) como los compiladores de 1 y 2 Reyes.

7.   Mark Twain, "Concerning the Jews," *Harper's Magazine* (1899), como se registra en Mark Twain, *The Complete Essays of Mark Twain* (New York: Doubleday, 1963), 249.

8.   Central Intelligence Agency, *The World Factbook,* https://www.cia. gov/library/publications/the-world-factbook/.

9. The National Archives Experience, "Declaration of Independence," http://www.archives.gov/national-archives-experience/charters/ declaration_transcript.html (accesado el 2 de julio de 2007).

10. Joseph Telushkin, *Jewish Literacy* (New York: Harper Collins, 1991, 2001), 199.

11. National Park Service, "Hayme Salomon," The American Revolution: Lighting Freedom's Flame, http://www.nps.gov/revwar/ about_the_revolution/haym_salomom.html (accesado el 2 de julio de 2007).

12. Emma Lazarus, "The New Colossus," *The Poems of Emma Lazarus* (1889), vol. 1.

13. Answers.com, "Albert Einstein," http://www.answers.com/topic/ albert-einstein?cat=health (accesado el 2 de julio de 2007).

14. "Facts About Israel," como está en la Internet por Israel21c, http:// www.israel21c.org/bin/en.jsp?enPage=BlankPage&enDisplay=view &enDispWhat=Zone&enDispWho=DidYouKnow&enZone=Facts (accesado el 3 de abril de 2007).

15. Ibid.

16. Ibid.

17. Ibid.

Capítulo 10
Respuestas a los críticos cristianos

1. Hay, *The Roots of Christian Anti-Semitism*, 24.

2. Ibid., 26.

3. Runes, *The War Against the Jews*, 42.

4. Hay, *The Roots of Christian Anti-Semitism*, 9.

5. Ibid.

6. Earl Paulk, *To Whom Is God Betrothed?* (Atlanta: K. Dimension Publishers, 1985), 40.

7. Ibid., 47.

8. Ibid., 3.

Capítulo 11
Respuestas a los críticos seculares

1. Tashbih Sayyed, "Israel's Arab Citizens and the Jewish State," *Islam Watch* Web site, http://www.islam-watch.org/TashbihSayyed/Muslim-Citizens-Jewish-State.htm (accesado el 22 de junio de 2007).

2. Ibid.

3. BibArch.com, "Colonia Aelia Capitolina," http://www.bibarch.com/glossary/MI/ColoniaAeliaCapitolina.htm (accesado el 3 de julio de 2007).

4. Meir Abelson, "Palestine: The Original Sin," *Nativ* 97, no. 2: (Marzo de 2004).

5. Menachem Begin, *The Revolt* (New York: Dell Publishing, 1951, 1978).

6. Telushkin, *Jewish Literacy*, 287.

7. Begin, *The Revolt*, 70.

8. Jewish Virtual Library, "The Bombing of the King David Hotel," http://www.jewishvirtuallibrary.org/jsource/History/King_David.html (accesado el 2 de julio de 2007).

9. The Avalon Project at Yale Law School, "Declaration of Israel's Independence, 1948," http://www.yale.edu/lawweb/avalon/mideast/israel.htm (accesado el 2 de julio de 2007).

10. Telushkin, *Jewish Literacy*, 309.

11. Ibid.

12. Ibid., 318.
13. Ibid., 332.

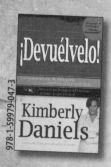

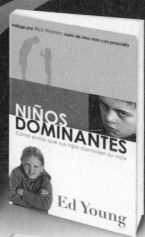